跨文化视域下英语教学与翻译策略研究

U0964691

杨　艳◎著

吉林大学出版社
·长春·

图书在版编目（CIP）数据

跨文化视域下英语教学与翻译策略研究 / 杨艳著 . --
长春 : 吉林大学出版社 , 2023.4
ISBN 978-7-5768-1771-3

Ⅰ . ①跨… Ⅱ . ①杨… Ⅲ . ①英语－教学研究②英语
－翻译－教学研究 Ⅳ . ① H319.3 ② H315.9

中国国家版本馆 CIP 数据核字 (2023) 第 106059 号

书　　名　跨文化视域下英语教学与翻译策略研究
　　　　　KUAWENHUA SHIYU XIA YINGYU JIAOXUE YU FANYI CELÜE YANJIU
作　　者　杨　艳　著
策划编辑　殷丽爽
责任编辑　殷丽爽
责任校对　安　萌
装帧设计　李文文
出版发行　吉林大学出版社
社　　址　长春市人民大街 4059 号
邮政编码　130021
发行电话　0431-89580036/58
网　　址　http://www.jlup.com.cn
电子邮箱　jldxcbs@ sina.com
印　　刷　天津和萱印刷有限公司
开　　本　787mm × 1092mm　1/16
印　　张　12
字　　数　200 千字
版　　次　2024 年 8 月　第 1 版
印　　次　2024 年 8 月　第 1 次
书　　号　ISBN 978-7-5768-1771-3
定　　价　72.00 元

作者简介

杨艳，博士，延安大学，讲师，主要研究方向为英语语言研究和英语教学，主持参与省级课题 3 项，发表相关学术论文 3 篇。

前 言

中国的外语教学经历了一系列的改革，教学效果却始终不尽如人意，尽管学生语言能力强、语言技能熟练，但社会文化能力和跨文化交际能力差。

跨文化交际研究兴起于20世纪50年代。世界各地的学者在吸纳了人类学、心理学、语言学、传播学、社会学等学科研究成果的基础上，为跨文化交际学构建了独特的理论框架和研究方法。培养跨文化交际能力以跨文化交际意识为基础与前提，学生要在具备一定文化知识的基础上提升自身的跨文化意识，发展自己的跨文化交际能力。在我国，英语学习本身就是一种双向的跨文化交际活动，如果我们不了解本国的文化，那么就很难在跨文化交际中用英语展示自我，也就不可避免地会出现文化交流障碍。在高校英语教学中，如何能让学生充分掌握语言知识与目的语文化知识，并且能够同时提升自己的母语文化表达能力，这已成为高校英语教学需要认真思考的问题。

本书第一章为文化与跨文化，主要介绍了语言、文化与跨文化，跨文化教育与跨文化交际，跨文化传播中的语境意义，跨文化交际能力的评估四个方面的内容；第二章为英语教学与翻译策略概述，主要介绍了英语教学的内涵、英语教学的基本理论与方法、翻译的基本理论、翻译的基本策略四个方面的内容；第三章为跨文化视域下英语教学研究，主要介绍了跨文化交际与英语教学融合探索、跨文化视域下的英语听说教学、跨文化视域下的英语读写译教学、跨文化视域下的英语词汇与语法教学、跨文化视域下的英语网络技术教学、跨文化视域下的英语教学评价六个方面的内容；第四章为跨文化视域下英语翻译策略与技巧，主要介绍了跨文化视域下的英汉翻译、跨文化视域下翻译的可译性及其限度、跨文化视域下英语翻译技巧及方法、跨文化视域下实战领域翻译四个方面的内容；第五章为跨文化视域下英语翻译教学，主要介绍了跨文化翻译教学整合体系、英语翻译教学中的文化差异与传递、英语翻译教学的跨文化策略三个方面的内容。

在撰写本书的过程中，作者得到了许多专家学者的帮助和指导，参考了大量的学术文献，在此表示真诚的感谢！限于作者水平有不足，加之时间仓促，本书难免存在一些疏漏，在此，恳请同行专家和读者朋友批评指正！

杨艳

2022 年 10 月

目 录

第一章 文化与跨文化……1

第一节 语言、文化与跨文化……1

第二节 跨文化教育与跨文化交际……11

第三节 跨文化传播中的语境意义……21

第四节 跨文化交际能力的评估……29

第二章 英语教学与翻译策略概述……33

第一节 英语教学的内涵、目的和本质特点……33

第二节 英语教学的基本理论与方法……37

第三节 翻译的基本理论……44

第四节 翻译的基本策略……56

第三章 跨文化视域下英语教学研究……67

第一节 跨文化交际与英语教学融合探索……67

第二节 跨文化视域下的英语听说教学……72

第三节 跨文化视域下的英语读写译教学……87

第四节 跨文化视域下的英语词汇与语法教学……106

第五节 跨文化视域下的英语网络技术教学……122

第六节 跨文化视域下的英语教学评价……131

第四章　跨文化视域下英语翻译策略与技巧……138
第一节　跨文化视域下的英汉翻译……138
第二节　跨文化视域下翻译的可译性及其限度……145
第三节　跨文化视域下英语翻译技巧及方法……154
第四节　跨文化视域下实战领域翻译……158

第五章　跨文化视角下英语翻译教学……166
第一节　跨文化翻译教学整合体系……166
第二节　英语翻译教学中的文化差异与传递……168
第三节　英语翻译教学的跨文化策略……175

参考文献……183

第一章　文化与跨文化

本章分别介绍了语言、文化与跨文化，跨文化教育与跨文化交际，跨文化传播中的语境意义，跨文化交际能力的评估四个方面的内容。

第一节　语言、文化与跨文化

一、语言

（一）语言的定义与特征

1. 语言的定义

语言是人们交流思想的媒介，它必然会对政治、经济和社会、科技乃至文化本身产生影响。语言这种文化现象是不断发展的，其现今的空间分布，也是过去扩散、变化和发展的结果。根据语音、语法和词汇等方面特征的共同之处与起源关系，我们可以把世界上的语言分成不同的语系，每个语系包括数量不等的语种。这些语系与语种在地域上都有一定的分布区，很多文化特征都与此有密切的联系。语言是指生物同类之间，基于沟通需要而制定的具有统一编码解码标准的声音信号。

语言是人们记录、传递、保持经验的主要形式，语言对人的信息加工有很大的影响。所谓信息加工就是对语言的信息加工，语言是人类区别于动物的主要标志。语言本身是一种社会现象，人们使用语言，包括理解别人的语言，都是人所特有的一种高级复杂的认知能力。

2. 语言的特征

（1）任意性和线条性

所谓的任意性是指语言符号和文字“能指”和“所指”之间不存在一些自然、必要或逻辑的联系，这种关系是不可论证的，这就是世界上的语言各式各样的原因。所谓的线条性是指语言的“能指”是依托声音来完成的，它只能在一维的声音空间里传播，而不能突破声音的范围和能力。所以在分析语言的时候，语言只能在横向上依照词语出现的先后顺序来完成，这也造成了语言使用和表达的局限，但是语言的声音性决定了语言的线条性是不可消除的。

（2）稳定性和变动性

语言是一个不断运动变化发展的体系，这个体系中的各个要素既有一定的稳定性，也有一定的变动性。稳定性是语言系统存在的前提，也是语言自身被大规模研习使用的必备条件。变动性不仅是一个系统语言内部的不断衍生、发展的规律所致，而且也是语言的传承性的表现。任何事物都是不断变化发展的，新事物不断地产生，旧事物不断地消亡。语言也是这样，语言系统的变化虽然不是很明显，速度也不是很快，但是受到使用的推动以及社会、文化等各种因素的影响，语言本身在不断地向着经济、简练、实用，以及包容力、表现力强的趋势发展。

语言内部的各个组成部分都有着不同方式、不同形态的变化，而且变化的状态也是不一样的。在以往的研究中，我们逐渐掌握了越来越多的规律来解释、预测语言的变化。这不仅体现出人们对于语言学的关注、探索取得了很多的成就，同时也昭示了语言学的变动性还是有据可依、有律可循的。

（3）符号性和系统性

语言是社会约定俗成的表达观念的符号，符号的本质是社会的。它在某种程度上要逃避社会上某一些小集体、小圈子的意识，这是语言最主要的特征。语言是一种社会契约，一个社会接受一种表达手段而排斥另一种表达手段其实就是社会上的集体意识的习惯体现。但是语言没有好坏之分，关键是使用哪一种表达方式。

（二）语言的结构与功能

1. 语言的结构

从内部结构的角度看，语言是一种音义结合的符号系统。语言系统是一个复杂的整体，由各个分支系统或层次，如音位层次、词汇层次、语法层次等组成。语言成分由各种关系加以联结，成分和关系互相联系、互相制约，构成井然有序的系统。符号的语言单位具有两个重要方面，一是表现方面，即语音；二是内容方面，即语义。在语言单位中，音和义的结合是约定俗成的，什么样的语音形式表达什么样的意义内容。世界上之所以有多达几千种的语言，就是因为人类创造语言时，在选择语音形式、表达意义内容方面均不一致。

语言的内部结构是区别于另一种语言的关键所在。不了解语言的内部结构，就无法辨认语言的语音或书写的符号并从中获取语义。正如没有掌握英语内部结构的人难以辨别26个字母根据不同排列组合后所表现的意思，不懂汉语的人也只会把汉字当成是奇形怪状的线条组合一样。但是只理解了语言的内部结构的符号系统并不意味着完全掌握了语言符号的意义，即语义。对于语义的表达或理解，人们除了要了解和掌握一种语言的内部结构外，还要了解和掌握语言的外部结构，即文化结构。一种语言的文化结构是使用语言的人或民族的生活方式的总和，包括地理环境、寓言神话、民间传说、社会历史发展、宗教信仰、风俗习惯、价值观念、文学艺术和科学技术等。语言对物体或现象的指代是通过文化结构来实现的。生活在不同文化环境中的人，对同一个语音或文字符号的理解是不同的。

2. 语言的功能

从功能的角度看，语言具有多方面的功能，这里择其要点概述如下。①语言是交际的工具，供人们传递和交流信息。有些高级动物，如猿猴，也能使用区别性的有声信号来传递信息，但这些信号都是不可切分的整体，也不能组合和替换，衍生出更多的信息。动物的信号同人类语言是无法比拟的。②语言是思维的工具，供人们形成和表达思想，语言是思想的直接显示。语言的基本单位也与思维的基本范畴相对应：词与概念相对应，句子与判断相对应。人们也可以通过手势和动作等手段来表达一定的思想，但它们只能起辅助的作用，语言才是思想最完善、最有效的载体。③语言是积聚知识和信息的工具，它能把人们的思维活动和认识活动的成果用词和句子积聚并存储起来，保存和反映前人全部的经验和智慧，而后人通过学习就能掌握前人积累下来的知识和信息。这些知识和信息正是特定民族（传统）文化的重要源泉。从这个意义上说，特定语言是特定文化的容器和载体。④语言是表达感情和交流沟通的工具，它既能传递信息，又是艺术表现的媒介。语言具有美学功能，它的创造性也正是通过艺术的媒介而得到充分体现的。

二、文化

“文化”是人们经常涉及的一个概念，但也是人们既熟悉又陌生的一个词。熟悉的一面表现为大家都在使用和言说“文化”，陌生的一面表现为人们对文化的确切含义并不清楚。从哲学维度来说，文化就是人的自然化和自然的人化。其中，“人”是关键性的因素。文化与价值密切关联。那么，文化的确切含义是什么？文化与价值存在什么样的内在关联？对这些问题的解答是分析社会主义核心价值观与多元文化融合可能性和必要性的前提。

不管是普罗大众抑或是专家学者，要想给“文化”下一个确切定义都是非常困难的，要想下一个大家都能够接受的定义更是难上加难。与其他词语一样，“文化”的含义不是先天确定的，而是在人们的日常生活中被赋予的。词语的用法不同，其含义就不同。因此，我们需要对“文化”概念做一番语用和语义分析的工作，搞清楚人们是在什么层面上使用“文化”一词的，以及“文化”在不同层面具体有什么样的含义。

从某种意义上来说，理解就是交流。一个人对属于自己的思想观念不存在理解的问题，所以当需要理解什么东西时，就说明理解的对象是自己不熟悉的。理解某一对象就是认识主体将关于该对象的认知纳入自己的思想观念体系之中，或在自己的思想观念体系中建构关于该对象的认知。每个人都有自己的思想观念体系，不同的思想观念体系就是理解和交流得以进行的思想背景或语境。语境不同，对事物的理解就不同。例如，在不同的语境当中，人们对同一块石头的理解就不一样。农民认为石头影响了土地的耕种，建筑师则会把它作为原料来看待，艺术家会考虑石头的艺术价值，普通老百姓只会把石头作为与水、空气一样司空见惯的事物。和对石头的理解一样，对文化概念的理解也依赖于具体的语境。因此，在分析文化的含义之前，我们需要了解语境及语境与文化的关系。

（一）文化的概念

对不同语境中的“文化”概念，我们能不能进行宏观层面的区分？回答这个问题的前提是回答为什么要区分。按照分析哲学的传统，区分的目的是把混杂在一起的事物按照一定的标准区别开来，进而界定各自的适用范围和事物之间的细微差别。在这里，目的等同于任务或目标。在价值层面，目的就是满足人的某种需要。与区分其他概念一样，区分“文化”概念的价值目的就是消除人们言谈方面的含糊不清现象，保障思想表达和信息传递的有效性。可以说，思想表达不清晰和主体间交流不畅是制约社会发展的重要因素。而思想表达不清晰的根本原因是思想本身就不清晰，思想是语言的意义，语言是思想的载体。思想产生于人的意识活动，因此要确保思想的清晰明白，最直接和最根本的途径就是规范语言的使用。而规范语言使用的关键就是划清词语使用的具体范围，明确词语合理运用的语境。

人们在不同层面使用“文化”概念，概括起来讲，可以粗略划分为三类：一是微观具体层面的文化。例如，面是中国人特别是北方人的主要食品，但一碗简单的面，不同地方有不同的做法，拥有不同的味道。兰州牛肉面、陕西臊子面、山西刀削面、北京炸酱面、武汉热干面、重庆小面等各有各的做法和味道，体现了不同地区独特的面食文化。二是中观层面的文化。例如，中国56个民族各有自己的文化，同时这些文化共同构成“多元一体”的中华文化，这里的文化不再是具体事物体现出来的独特的工艺或价值，而是一类事物共同体现出来的思想。比如，北京都城文化、上海都市文化、西安历史文化都包含极为丰富的内容，需要作理论层面的概括和抽象才能把握各自的主旨。三是宏观层面的文化。如果从中华文化、欧洲文化、中东文化、印度文化等概念继续往上抽象和概括，我们就会得到最一般层面的文化。这种最抽象层面的文化是相对自然界而言的，是人在生产实践活动中创造出来的。这三类划分均具有一定的相对性和片面性，其相对性体现为微观、中观、宏观层面的文化是相对而言的，因为不存在可以被人们广泛接受的明确的划分方法和标准。例如，相比于一般意义上的人类文化，中华文化是中观文化，但相比于中华诗词文化、楹联文化、儒释道文化而言，中华文化又是宏观层面的文化。就清代湖南诗词文化而言，中华诗词文化又是宏观层面的文化。同样，如果在哲学层面研究文化，最一般层面的文化又成为哲学研究的具体内容。当然，从某种意义上来讲，哲学本身就是人类文化的一个组成部分，这种划分的片面性表现为划分结果的单一性。实际上，人们可以在不同维度对文化进行划分。例如，从时间、地区、国家、民族、宗教、文化类型、文化内容等角度划分文化种类。当人们谈论文化时，首先要弄清楚自己是在什么层面谈论文化，只有明确了谈论的层次，才能进入大家共同谈论的语境。

不管是微观层面还是中观层面的文化，其意义都取决于宏观层面文化的含义。例如，要搞清楚兰州牛肉面所蕴含的文化，就必须先掌握文化的一般意义。如果不清楚文化的意义、不规范“文化”概念的使用，那么所谓的饮食文化、企业文化、旅游文化不过是对“文化”概念的误用或哗众取宠的产物。所以到底什么是文化?《现代汉语词典（第7版）》给“文化”下了三层定义：一是人类在社会历史发展过程中所创造的物质财富和精神财富的总和，特指精神财富，如文学、艺术、教育、科学等；二是运用文字的能力及一般知识；三是考古学用语，指由同样的工具、用具，同样的制造技术等，是同一种文化类型。显然，第一层定义是宏观抽象层面的定义。《英汉双解大字典》给“文化”下的定义是人类智力成就的总和，包括艺术、风俗习惯、社会制度等。对比这两类定义，我们可以发现一般意义上的文化特指人类在生产实践活动中创造出来的精神财富。《现代汉语词典（第7版）》之所以认为文化包含物质财富，不是因为物质财富本身是文化，而是因为物质财富体现了人类智力活动。例如，一辆汽车本身不是文化产品，但汽车的生产体现了制造者的智力活动，因此汽车是文化的载体。要进一步区分“文化”概念的内涵和外延，就必须搞清楚“文化”一词的属性。

文化不是像“天安门”“故宫”一样有专门所指的专名，也不是像“男人”“汽车”“飞机”“马”一样是对一类事物的统称。当然，“文化”也不同于“金山”“孙悟空”“玉皇大帝”等空名，因为文化有指代的对象，而且指代的对象不是人们纯粹思想活动的产物。按照罗素的摹状词理论，“文化”不是名称，而是非限定摹状词。在语法结构中，“文化”可以作为主词，例如，“中华文化是源远流长的，中华文化是多元一体的。”在这个句子中，“中华文化”是主语，“是”是系词，“源远流长的”和“多元一体的”作为形容词修饰主词。对“中华文化是源远流长的”进行语义分析可知，其语义等价于有且只有一类事物，该类事物是中华民族在漫长历史发展过程中智力成就的体现。通过转化，“中华文化”能被消解为“中华民族在漫长历史发展过程中智力成就的体现”。这也反映了人们对“文化”概念的理解，即文化就是在生产实践活动中人类智力成就的体现。

在抽象层面，文化与文明是人们很容易混淆的一对概念。但如果仔细考察，我们就会发现两者有明显区别。例如，中华文明近似于中华文化，但两者有各自的侧重点。中华文明是中华民族在漫长历史发展过程中创造的精神财富和物质财富的总和，相对于中华文化侧重于精神财富，中华文明更突出物质财富。如果说中华文化是中华民族在认识自然和改造自然的过程中形成的思想观念和制度体系的总和的话，中华文明就是中华民族在历史发展过程中认识自然和改造自然能力与水平的集中体现。正是如此，农业文明不同于农业文化，工业文明不同于工业文化，文明古国不同于文化古国。习近平总书记在党的十九大报告中指出，从2020年开始，经过30年的艰苦奋斗，到21世纪中叶要把我国建设成为社会主义现代化强国。“到那时，我国物质文明、政治文明、精神文明、社会文明、生态文明将全面得到提升。”① 显然，这里的“文明”不能代之以“文化”。就以物质文明和政治文明来说，物质文明的含义是物质生产实践活动的先进程度，政治文明的含义是政治组织、政治活动、政治制度的先进程度。如果把“文明”代之以“文化”，那么，“物质文化”要么成为由“物质”和“文化”构成的并列词组，要么是“物质的文化”的缩写。就前者而言，物质与文化既相互区别又并列在一起；就后者而言，物质“修饰”文化，这里的文化就是指体现或蕴含在物质当中的思想观念和价值追求。物质的文化相对于非物质的文化，非物质的文化是存在于人们头脑中的思想观念和人们拥有的生产技艺。为了进一步明确“文明”与“文化”之间的区别，我们可以举社会主义文化建设的例子。讲到“社会主义文化建设”，人们并不感到陌生，并且知道文化建设的内容。但如果讲“社会主义文明建设”，人们就会感到迷惑，不知道文明建设的具体含义与所指。只有在“文明”前面加上“物质”“精神”“政治”“社会”“生态”等词时，“文明建设”才能说得通。文明与文化尽管有着明显的区别，但两者也有内在关联，文明和文化都是相对于人而言的，都是人类智力成就的体现。

（二）文化的特征

1. 主体性

一般来说，文化的主体性特征主要表现为如下两点。首先，文化主体不仅具有目的性，还具有工具性。如前所述，文化是主体发挥创造性的外化表现，其必然会体现文化主体的目的性，只有这样，文化才能促进人的全面发展。另外，文化也是促进人全面发展的工具，如果不存在文化，那么我们就无法谈及人的全面

① 习近平．决胜全面建成小康社会 夺取新时代中国特色社会主义伟大胜利 [N]. 人民日报，2017-10-28（001）.

发展。其次，文化主体不仅具有生产性，还具有消费性。人们进行生产，主要是为消费服务的，而人类对文化进行生产与创造，也是为了更好地进行消费。在这一过程中，对文化进行生产与创造属于手段，对文化进行消费属于目的。

2. 实践性

简单来说，文化具有实践性特征，具体可以表现为两点。首先，实践对文化起决定性作用。人类实践的手段与方式决定着文化的性质，在这些实践手段与方式中，物质生产方式居于基础地位；其次，文化对实践有促进作用。这是因为实践往往是在某些特定文化中展开的，如果没有文化背景的融入，那么实践就会非常困难。另外，文化对实践的展开有着巨大的指导意义，也正是由于文化的指导，实践才能取得成功。

3. 历史性

文化具有历史性的特征，这是因为其可将人类社会生活与价值观的变化过程动态地反映出来。也就是说，文化随着社会进步不断演进，也在不断地扬弃，即文化可对既有文化进行批判、继承与改造。对于某一历史时期来说，这些文化是积极的、先进的，但是随着时代的发展，这些文化又可能失去其积极性、先进性，被更加先进的文化取代。例如，汉语中的“拱手”指男子相见时的一种尊重的礼节，该词产生于传统汉民族文化中。然而随着历史的发展，这一礼节已经不复存在，现代社会常见的礼节是鞠躬、握手等。因此，在当今社会，“拱手”一词已经丧失了之前的意义，而仅是文学作品中传达某些情感的符号。

4. 社会性

文化具有社会性特征，这主要表现在如下两点。首先，从自然上来说，文化是人们创造性活动的结果，如贝壳、冰块等自然物品经过雕琢会变成饰品、冰雕等；其次，从人类行为来说，文化起着重要的规范作用。一个人生长于什么样的环境，其言谈举止就会有什么样的表现。另外，人们可以在文化的轨道中，能对各种处世规则进行把握，因此人不仅是社会中的人，也是文化中的人。

三、跨文化

文化是大自然、内在自然、社会自然的人化。对于一个群体（如民族、国家）而言，文化就是国家（民族）意义上的人化，是国家（民族）对大自然、内在自然、社会自然进行的人化。一个民族总是不断地对大自然进行改造，如开发资源、兴修水利，从而实现本民族的大自然的人化；一个民族也改造本民族的内在自然，也就是改造本民族的生理基础，如我国目前开展的脊髓灰质炎糖豆项目（预防小儿脊髓灰质炎，适用于满两个月的婴儿服用）、大豆工程（给小学生供应豆奶以促进小学生身体的健康发育）、全民健身等，都是为了改造内在自然。一个民族的社会自然就是与这个民族所交往的整个世界，主要是与这个民族相交往的其他民族，这些异民族的文化显然不属于本民族的文化。人类群体在与其他群体交往的过程中改造了自己的文化，形成了专门用于处理与其他群体关系的文化（包括开放或封闭等不同的观念和学习外语、出国留学等生活方式及外交等制度）。

对于人类群体而言，改造社会自然不只是社会化，而是国际化（也可以理解为国际社会化），也就是使本民族成为国际社会的积极成员。显然，一个民族的文化中既具有民族性的成分，也具有国际性的成分。文化的民族性成分就是关于本民族的观念、行为等文化成分。文化的国际性成分表现为不同文化群体之间的交往中的价值观念、生活方式、制度等，这种不同文化群体之间的交往就是跨文化的交往。跨文化的交往作为文化之间的关联形态，与人类文化发生同时发生，与人类文化发展同时发展，这是因为跨文化的交往是人类文化发生与发展的必然形态。

正如马克思指出，“个人是社会存在物”[①]，人的“类存在则在类意识中确证自己，并且在自己的普遍性中作为思维着的存在物自为地存在着”[②]。人作为类的存在，不可能独生独长于天地间。

人的社会性决定了人交往的必然性。个人之间的社会交往是实现个人与社会关系的人化，也就是实现个人的社会化的必要条件。不同民族之间的跨文化交往则是不同民族实现本民族与异民族的关系的人化，它是实现本民族国际化的必要条件，也是跨文化交往的实质。不同文化群体之间的跨文化交往促进了人类社会的发展，而社会的发展又进一步要求和促进了跨文化的关联。

马克思指出：“各个相互影响的活动范围在这个发展过程中愈来愈扩大，各民

① 马克思，恩格斯．马克思恩格斯全集（第 42 卷）[M]. 中共中央马克思恩格斯列宁斯大林著作编译局编，译．北京：人民出版社，1979：122.

② 马克思，恩格斯．马克思恩格斯全集（第 42 卷）[M]. 中共中央马克思恩格斯列宁斯大林著作编译局编，译．北京：人民出版社，1979：123.

族的原始闭关自守状态则由于日益完善的生产方式、交往以及因此自发地发展起来的各民族之间的分工而消灭得愈来愈彻底，历史也就在愈来愈大的程度上成为全世界的历史。”①“只有随着生产力的这种普遍发展，人们之间的普遍交往才能建立起来。”② 马克思从现代工业的发展说明了社会发展对人类社会的跨文化关联的促进，他指出现代工业“首次开创了世界历史，因为它使每个文明国家以及这些国家中的每一个人的需要的满足都依赖于整个世界，因此它消灭了以往自然形成的各国的孤立状态”③。

从人类学近代以来对原始部落的研究可以看出，如果一个文化群体在跨文化的交往中实现本群体的国际化，这种国际化能够促进一个群体的文化发展。随着社会经济的发展，科学技术的更新速度不断加快，促进跨文化交往的技术日益便捷。在距今两千年以前，鼓声、烽火及快马是人类社会交往的主要手段；在距今一千年以前，训练有素的快马是人们在最短时间内获得远方信息的最佳渠道；在信息时代的今天，电子技术的广泛应用使人类社会的交往更加快捷。经济全球化使国家间的联系日益紧密，不同群体之间的文化在交流中碰撞、融合，跨文化之间的关联日趋深入。信息时代之前，不同地区的人们需要一定的时间才能了解其他地区的情况；而今天，信息技术凭借着其强大的优势使人们可以及时了解国际国内的重要信息，国际知名企业新产品的全球同时发布也成为现实。人类的跨文化交际与人类社会的发展有着密不可分的关系，一方面人类的跨文化交际促进了人类社会的发展，另一方面人类社会的发展又使人类的跨文化交际得到了进一步的强化，二者相辅相成。

就如同一枚硬币既有正面也有反面，文化在人类社会的交往中既有积极的成分，也有消极的成分。受地理、历史等多方面因素的影响，不同地区和民族的人们形成了他们独具特色的生活方式和文化传统。在跨文化交往的过程中，必然存在积极和消极的价值观念和生活方式。文化中积极与消极成分的存在导致人类的

① 马克思，恩格斯．马克思恩格斯全集（第 3 卷）[M]. 中共中央马克思恩格斯列宁斯大林著作编译局编，译．北京：人民出版社，1960：51.

② 马克思，恩格斯．马克思恩格斯全集（第 3 卷）[M]. 中共中央马克思恩格斯列宁斯大林著作编译局编，译．北京：人民出版社，1960：39.

③ 马克思，恩格斯．马克思恩格斯全集（第 1 卷）[M]. 中共中央马克思恩格斯列宁斯大林著作编译局编，译．北京：人民出版社，1995：114.

跨文化交往也出现两种情况，一是积极的跨文化交往，二是消极的跨文化交往。

跨文化交往的主要形式有以下三种。

第一，不同的文化群体间秉持着共同进步的理念，不断加强与其他民族间的联系，消解跨文化交往中的冲突，弱化不同文化间的矛盾，并开展形式多样的文化交流活动，形成各种相互关联的形态，构建包括跨文化的认知、交往、借鉴与摄取在内的积极的跨文化形态。

第二，不同文化群体之间由于对异民族文化的偏见，在跨文化交往中产生冲突、矛盾，进而企图征服对方的消极的跨文化形态。

第三，不同文化群体之间互相理解，营造平等、宽容的跨文化交往氛围，尊重不同民族的生活方式和文化传统，寻求民族间共同发展、共同繁荣的理想的跨文化形态。

第二节　跨文化教育与跨文化交际

一、跨文化教育

（一）跨文化教育的定义

虽然跨文化教育这个概念有了很久的历史，但是跨文化教育理论的研究起步较晚，直到20世纪70年代，文化和教育领域的专家和学者才开始就跨文化教育理论的相关问题展开研究，20世纪90年代联合国教科文组织将跨文化交际写入文献中，标志着跨文化教育理论真正形成系统性、规范性的理论体系。1992年，联合国教科文组织召开了国际教育大会，发布了《教育对文化发展的贡献》，该文件正式提出了跨文化教育。在界定跨文化教育之前，该文件首先明确了“文化教育”的概念，指出文化教育是一个内涵十分丰富的词汇，跨文化教育属于文化教育的范畴。该文件指出：文化教育包括对文化遗产的知识和鉴赏的介绍，以及对现代文化生活的介绍；熟悉文化的发展过程及文化的传播情况；承认各种文化具有同等的尊严及不同民族和地区形成的文化遗产是该民族所有民众智慧和心血的结晶，是现代文化持续健康发展的源泉，与现代文化之间有着密不可分的关系；

艺术教育和美学教育属于文化教育的范畴，是文化教育的重要组成部分。文化教育还包括伦理与社会价值观教育、传媒教育、跨文化教育及多元文化教育。联合国教科文组织对跨文化教育的概念进行了缜密的论述，该文件引用了这个观点：跨文化教育（包括多元文化教育）的对象是全体学生和公民，要引导他们树立文化多样性的理念，尊重和理解异民族的文化，构筑丰富多彩的文化世界。该文件对于跨文化教育方式也提出了相关建议，指出开展跨文化教育不应只是局限于向学生和公民提供异民族的文化知识，教学活动或某些教学手段是落实跨文化教育的辅助性手段，应该将跨文化教育纳入所有学科教学和整个学校的结构中。跨文化教育的主体是十分广泛的，不仅包括教育工作者，而且强调包括家庭、文化机构与传媒机构在内的所有与教育领域相关的合作伙伴都应积极参与进来。基于普遍的理解，跨文化教育（包括多元教育）的顺利开展有赖于为全体学生所设计的计划、课程或活动，这些计划、课程或活动的主旨是引导学生理解文化的多样性，以开放、包容的心态来看待不同的文化，帮助学生增强对于不同团体的文化的理解。开展跨文化教育有助于提高学生的文化融入，让学生能够勇于同各种歧视文化的不良行为作斗争。跨文化教育的根本目的是引导学生在理解本民族文化的基础上尊重异民族的文化传统，掌握鉴赏相邻民族文化的能力，进而能够鉴赏世界性文化。

联合国教科文组织对跨文化教育概念的界定具有广泛的指导影响，它归纳了跨文化教育的研究成果，站在促进跨文化教育持续发展的高度，宽泛地界定了跨文化教育，指出了跨文化教育的目的。显然，对目的的解释有助于规范定义内涵的界定，这是因为目的在概念界定中处于必不可少的重要地位。由此可知，联合国教科文组织对于跨文化教育概念的界定是跨文化教育的指导思想，对于跨文化教育的开展具有重要的导向性作用。它强调跨文化教育的目的之一就是帮助学生树立正确的跨文化交往观念，要求学生以平等的态度来对待其他民族文化，尊重、理解其他民族的风俗习惯，鉴赏相邻民族的文化，鉴赏世界性文化，同时指出跨文化教育活动的开展对于学生未来的健康发展有着积极的作用，即要加强国际理解，反对文化歧视现象。这一定义也为跨文化教育指明了方向，它指出跨文化教育活动不仅要在学校教育中开展，而且在家庭、文化机构、传媒等社会教育领域也应该大力地推广。这一界定把多元文化教育纳入了跨文化教育的范畴，实质上是将一个国家不同民族之间的教育也纳入跨文化教育的范畴，而不是以国家为分界线来探讨不同国家文化层面的跨文化教育。它从文化的性质出发，对跨文化教育的范畴进行了准确的把握和科学的界定。这个定义的提出对联合国教科文组织来说，具有历史性的突破意义。人类社会首次在国际范围内提倡跨文化教育，这种主张大大扩展了联合国教科文组织提倡的国际理解教育（强调不同文化群体的相互理解），不仅包括对其他国家文化的理解，而且强调尊重其他国家文化，培养一定的审美情趣，提高鉴赏其他国家文化乃至世界性文化的能力。这一定义引出了“世界性文化”这一重要思想，其实质就是主张从人类的存在层面来把握人类的文化，因为从实质上看，世界就是一个全人类共同生活、发展的整体。从某种意义上说，世界性文化可以理解为对人类文化观念的一种超越，因为世界上的生物是多种多样的，世界的发展不仅依靠人类的共同奋斗，同样有赖于大自然提供的各种资源，人类与自然的关联、人类不同群体之间的国际性关联，也属于世界性文化的范畴。虽然联合国教科文组织对于跨文化教育进行了科学的界定，但是这个界定并不完善，它没有规范跨文化教育的本质，也没有界定跨文化教育的基本内涵。

联合国教科文组织界定的跨文化教育只探讨了跨文化教育的目的，指出“通过跨文化教育而学习异民族文化”是跨文化教育开展的最终目的，但是没有提出实施跨文化教育的基础性目的。也就是说，这个定义的阐释并不全面，没有包含跨文化分析的所有要素。这是因为联合国教科文组织是一个国际组织，需要站在国际发展的角度来思考问题，时刻保持国际立场，不能介入国家民族的文化主权内的文化选择。也就是说，跨文化教育的目的还应该包括抵御面对外来文化的冲击、促进本民族文化的发展，以及应对、借鉴外来文化的优秀成果等等。

我国文化领域的学者也对跨文化教育理论展开了研究，基于不同的角度，各专家学者对于跨文化教育的解释并不一致，其中 1998 年出版的《教育大词典》中对于“跨文化教育”的解释得到了大多数学者的认同，该书指出，“跨文化教育”是一个英译词，其英文全称为“cross-cultural education”，包括如下内容：①在多种文化并存的环境中同时进行多种文化的教育，或者以一种文化为主，通过开展丰富多彩的活动补充其他文化的知识。②在某个文化环境中成长的学生，到另一个民族或地区接受教育，另一个民族或地区同学生之前所接触到的生活环境完全不同，这种不同体现在语言、生活习惯、信仰甚至是价值观上。③为了提高学生的跨文化能力，学校专门设置跨文化的环境，营造跨文化教育的氛围，引导学生接受非民族的语言、风俗和价值观的教育。《教育大词典》以描述性的语言来界定跨文化教育，并通过列举包括多元文化形态、留学生教育形态、外来文化教育形态等多种跨文化教育的形态来试图使读者理解跨文化教育。

回溯跨文化教育的发展历程，我们可以发现，联合国教科文组织在 1992 年界定了跨文化教育的内涵，而《教育大词典》于 1998 年出版，虽然《教育大词典》中关于跨文化教育的解释要比联合国教科文组织提出的定义晚了六年，但是《教育大词典》在编写的过程中并没有参考联合国教科文组织对跨文化教育的界定，而是根据中国的实际情况，提出了新的见解。将联合国教科文组织同《教育大词典》中有关跨文化教育的概念进行比较，我们可以发现相比联合国教科文组织中关于跨文化教育的界定，《教育大词典》中对于跨文化教育界定的范围更加宽泛，它明确地指出留学生教育同样属于跨文化教育的范畴。不过《教育大词典》中对于跨文化教育的解释也是有缺陷的，它只是列举了常见的跨文化教育的形态，并没有揭示各种不同跨文化教育形态的共性，也没有说明跨文化教育的目的。从总体上来说，《教育大词典》中的解释并没有超过联合国教科文组织的界定。

（二）跨文化教育的可能域界与基本价值

如前所述，文化有着丰富的内涵。一般来说，任何一个人类群体都有自己的文化。例如，生活在东方的群体形成了具有本民族特色的东方文化，生活在西方的群体形成了西方文化；生存繁衍在中国的劳动人民形成了中国文化，其他国家和地区的人民在长期劳动实践中形成了他们独有的文化。除了地域的因素之外，身份、性别、收入不同的人都会形成不同的文化。

不同的文化相互关联，这些关联都可以形成跨文化交往，从而成为跨文化教育的可能域界。受地理环境、价值观念等方面的差异，不同文化群体之间的跨文化交往过程中可能会出现跨文化冲突。例如，接受东方文化的群体在家庭价值观上可能与接受西方文化理念的群体存在着跨文化的冲突；生长在中国、接受中国教育的群体可能与生活在日本的群体在日本侵略中国的历史观问题上存在跨文化的冲突。由此可见，跨文化冲突涉及文化的各个层面。

当然，跨文化教育的域界不仅仅限于文化的各个层面。跨文化教育的内涵是相当广泛的，不仅包括不同国家文化之间的交流教育活动，而且包括同一国家不同民族之间的文化交流教育活动，也就是说多元文化教育或者跨民族教育也属于跨文化教育的范畴，同一国家内部不同社会群体之间的文化交流活动也都属于跨文化教育。比如，为了开阔学生的视野，中国学校向青少年开展有关美国文化、英国文化、日本文化、阿拉伯文化等的教育；内蒙古地区向居住在内蒙古的汉族学生介绍有关内蒙古民族文化的知识，并对其进行关于内蒙古民族文化的教育；北京、上海等一线城市中的学校向城市学生宣传农村生活，进行关于农村文化的教育活动；学校向男学生进行关于女性文化的教育活动等，都属于广义的跨文化教育活动。由此可知，跨文化教育的研究领域是相当宽泛的，研究者不仅要关注不同国家、不同民族间的跨文化教育，同时还要关注不同社会阶层、不同性别、不同地域之间的跨文化教育。

欧美等国家跨文化教育的研究工作起步较早，并取得了卓越的成果。欧洲跨文化教育研究专家就跨文化的研究范围给出了这样的建议，即跨文化教育不仅包括国家和国家之间的文化交往，还包括国内文化群体之间的文化交流，跨文化教育应该从国家之间和国内文化群体之间这两个层面进行研究。这就要求我国跨文化教育的专家和学者不仅要关注中国文化与外国文化的跨文化教育，同时还应该关注国内不同民族之间的跨文化教育。随着市场经济体制的进一步深入，我国贫富差距不断扩大，不同阶层之间的跨文化教育逐渐成为文化领域研究的热点问题。有关调查显示，不同阶层之间的跨文化教育对于提高人们的财富意识、增加收入有着积极意义。跨文化教育的域界如此广泛，使跨文化教育的研究工作也有着非常广泛的文化价值。事实上，跨文化教育所有的可能域界都是跨文化教育展露价值的领域。

从这些域界可以看到，跨文化教育的基本价值主要表现为通过广泛深入地开展跨文化教育，能够使人们消除对其他民族的文化偏见，有效引导人们树立互相理解、互相尊重的文化观念，消解跨文化冲突，减少跨文化对抗现象的产生，促进人类的跨文化实践走向人道的跨文化交往，并能使文化之间相互借鉴、共同进步，促进人类文化朝着更加丰富多彩的方向发展，营造人类文化和不同民族文化和谐发展的新局面。这些基本价值主要表现在以下两个方面。

（1）促进跨文化交往

受多种因素的影响，不同群体进行跨文化交往时经常会发生跨文化冲突，当文化冲突恶化到一定阶段时有可能会发生灾难性的跨文化的武装冲突对抗。跨文化教育活动的开展能够有效消解跨文化冲突，最大限度地遏制跨文化武装对抗事件的发生，使人类的跨文化实践走向人道的跨文化交往。

（2）促进文化发展

联合国教科文组织对于跨文化教育给予了高度的认同，认为跨文化教育的开展有助于引导不同民族学习和借鉴其他民族文化中的优秀成果，进而促使人类文化更加丰富多彩。人类文化的未来发展趋势必将是多元化的，社会经济多样化的发展势必会产生更加丰富多彩的人类文化。各民族之间和睦相处、共存相依则是人类文化丰富多彩的前提和基础。人类文化的发展有赖于不同文化互相学习借鉴。

跨文化教育在不同层面展开，促进人类文化的和谐整体发展是跨文化教育的最终目的。这包括两个层面：一是人类的类文化的和谐发展，二是人类不同民族文化的和谐发展。人类文化的发展是永无止境的，不断构建更加完善、更加和谐的人类文化体系是人类文化发展的重要动力。联合国教科文组织倡导的“世界性文化”的发展，包括三层含义：首先，跨文化教育倡导人类以开放的态度来对待不同民族文化，尊重不同民族文化，汲取不同民族文化中的优秀成果，促进不同民族文化的发展；其次，作为人类文化重要组成部分的不同民族文化的发展必然会促进人类文化的整体性发展；最后，人类文化的整体性发展必将促进人类的类文化的发展。

二、跨文化交际

目前，全球化已成为必然的世界性潮流，任何一个国家的文化都不是封闭和孤立发展的，而是要和其他国家进行交流，相互影响、相互渗透，不断借鉴、吸收、融合先进的外来文化。这种文化交流对各国的发展进步都起着巨大的推动作用，但不同文化背景的人们在文化取向、生活方式、信仰等方面存在着诸多差异，导致他们在翻译不同文化背景的言语和非言语行为等方面表现不同，进而使不同文化背景的人们相互理解、和睦共处困难重重。因此，避免和解决各国交往中的障碍成为人们的迫切需要。在这种环境下，跨文化交际学作为一门独立的学科应运而生。

（一）跨文化交际的定义

随着交通工具的进步与通信手段的发展，不同国家、不同种族、不同民族的人能够自由地接触和交往，这也使跨文化交际成为当今时代重要的交际方式之一。哈姆斯（Harms）认为，世界范围内的交际经历了五个阶段，第一个阶段是语言的产生，第二个阶段是文字的使用，第三个阶段是印刷术的发明，第四个阶段是工业革命后，交通工具的进步及通信手段的飞速发展，第五个阶段是跨文化交际[①]。跨文化交际是一个英译词，其英文全称为“cross–cultural communication”或者是“inter–cultural communication”，它包含两层意思，一方面是指使用本民族语言的人同非本族语言使用者之间的交际，另一方面是指任何个体同不同语言、不同文化背景的人之间的交际。简单地说，跨文化交际指的是在特定的交际情境中，交际的双方来自不同的地区或民族，但是他们使用同一种语言进行交流。从这个概念的界定来看，跨文化交际包含两个层面的内容，第一个层面是交际的双方必须来自不同的文化背景，这是跨文化交际的前提；第二个层面是交际的双方必须使用同一种语言进行交流，这是跨文化交际的必备条件。

20 世纪 60 年代，跨文化交际的研究步入了飞速发展的阶段，取得了丰硕的成果。美国社会语言学家海姆斯（Hymes）率先提出了跨文化交际能力的概念，在海姆斯看来，跨文化交际能力由两部分构成，即掌握语言形式规则和掌握使用的社会规则。[②]通俗来讲，跨文化交际能力指的是个体能够熟练地运用语言规则，在合适的交际情境下讲合适的话，能够根据交际情境灵活地使用语言规则的能力。跨文化交际能力具有语法性、适合性、得体性和实际操作性。其中，适合性和得体性是衡量语言使用者的跨文化交际能力的首要标准。

（二）影响跨文化交际的因素

跨文化交际不仅要求交际双方使用同一种语言进行沟通，同时也是不同文化间的对话。跨文化交际过程中经常会出现文化冲突现象，造成文化冲突现象的原因是多种多样的，其中文化、历史背景的不同是文化冲突产生的最根本原因。生

① 任诤，庞媛．跨文化教育和跨文化交际教育研究 [M]. 北京：北京对外经济贸易大学出版社，2021：81.

② 刘伟凯，龚丽．母语文化正迁移与跨文化交际能力的培养研究——以职教本科类学生为例 [J]. 求知导刊，2016（8）：13–15.

活在不同国家、地域中的人们接受着不同文化的洗礼，他们的思维方式、价值取向是大不相同的，所以交际双方在语言的使用规律、语篇的组织结构等诸多方面存在差异。

1. 思维方式方面的差异

文化在人们的生活中发挥着重要作用，它潜移默化地影响着人们对外界事物的看法和认识。不同的国家在长期的生产实践中形成了不同的文化，生长在不同国家中的人民必然在生活方式、思维方式等方面存在差异。思维方式指的是人们的思维习惯或思维程序。思维方式同人们的交际行为、交际风格、语言表达等方面有着密切的联系，不同的思维方式会产生不同的交际行为、交际风格，甚至会造成词法、句法等方面的不同。研究跨文化交际发现，思维方式的差异是影响跨文化交际能否顺利进行的重要因素，东西方跨文化交往中的文化冲突现象是印证这个观点的最佳证据。西方文化的思维方式讲究严密的逻辑和认真的分析，而东方文化的思维方式则表现出直接整体性，这一点也是中国传统文化思维的特征。受传统文化的影响，中国人注重直觉，认为经验和感觉是发现事物、认识事物的主要途径。在人际交往过程中，中国人也通常喜欢依靠经验和感觉来判断对方是否值得信赖。与西方人注重逻辑和分析的思维方式相比，中国人的这种思维方式具有明显的笼统性和模糊性。有学者对中国的思维方式和西方的思维方式进行了比较，发现中西方思维方式之间有着显著的差异，具体表现在如下方面：中国人的思维方式偏伦理型，西方人的思维方式偏认知型；中国人的思维方式具有整体性的特征，西方人的思维方式强调分析性；中国人的思维方式侧重意向性，西方人的思维方式注重对象性；中国人的思维方式强调直觉性，西方人的思维方式强调逻辑性；中国人的思维方式讲究意向性，西方人的思维则偏向实证性；中国人的思维方式具有模糊性，西方人的思维方式追求精确性；中国人的思维方式注重求同性，西方人的思维方式强调求异性；中国人的思维方式偏后馈性，西方人的思维方式追求前瞻性；中国人思维方式属于内向型，西方人的思维方式属于外向型；中国人的思维方式注重归纳型，西方人的思维方式注重演绎型。这些方面的差异对中西方的跨文化交际产生着巨大的影响。

2. 价值取向方面的差异

人们的交际能力是在社会化的过程中形成的，与人们的价值取向有着密不可分的关系。价值观属于意识形态领域的范畴，人们无法看到价值观，更无法触摸到价值观，但是价值观却无处不在，它对人们的活动起着规定性、指令性的作用。每一种文化体系都有着自己特有的价值观，有的学者将价值观称为人们的处世哲学和道德标准。特定的文化孕育着特定的价值观，具体的文化环境是价值观产生的前提和基础，任何一种价值观都不能脱离具体的文化环境而孤立的存在。不同的文化对同一事物可能产生不同的判断标准，这只是价值观的不同，我们不能武断地评论这种价值观标准是先进的，而另一种价值标准是落后的。不同国家和民族的文化都有着自己独特的魅力，没有高低贵贱、先进落后的区别。任何一种文化都是该族人民集体智慧的结晶，是自身文化环境的必然产物，它们经受历史的考验长久地流传下来必然有其存在的合理性，在进行跨文化交际时，我们必须秉持着平等、尊重的理念来看待不同民族的价值体系。

3. 行为规范方面的差异

行为规范是指被社会所共同接受的道德标准和行为准则，能够告诉人们哪些行为是符合规范的、是可以做的，哪些行为是不符合规范的、是不可以做的。不同的文化体系可形成不同的行为规范。不同文化背景的人们在交际时，会不自觉地套用自身所在的社会行为规范来判定对方行为是否合理，如果交际双方对于行为规范有着不同的认知，就会产生误解、不快甚至更坏的结果。比如，中国人遇到可爱的小朋友时为了表示对于孩子的喜爱和友好的态度，他们通常会轻拍小孩儿的头部，但是在西方国家，轻拍小孩儿的头部却有着截然相反的含义，所代表的是不尊重小孩儿的意思，会引发父母的愤怒。因此，正确地识别和运用行为规范是保证跨文化交际顺利进行的重要因素。

（三）跨文化交际的伦理依据

传播和沟通是一个彼此判断与品评对方思想行为的过程。当我们判断他人行为思想时，不免会赋予其对与错、应该不应该、好不好、值得或不值得的价值选择，伦理的问题就会自然出现。人的判断主要由文化价值与信仰影响或决定。在判断时，人们会很自然地将自己的文化价值与信仰加诸对方的沟通行为，这种情况在跨文化交际中非常普遍，所以跨文化交际应遵循以下伦理原则。

1. 志愿参与

跨文化要求参与者完全不受胁迫，自愿参与。这种要求强调沟通双方要完全了解、明白这种互动可能会带来心理与社交上负面的冲击。任何强迫他们参与跨文化交际的行为，都违反了跨文化伦理中的相互性与尊重原则。

2. 尊重个体性

文化在各个方面规范了其社会成员的思想形态与行为举止。我们在对话前，要试图了解个人的特性，不能运用文化刻板印象，把群体的特性当作个人的特性，抹杀个体性的存在。

3. 免于受害

基于诚实的沟通伦理原则，我们必须避免对对方生理上、心理上或社交上造成伤害。例如，刻意说出对方文化中禁忌之事或做出侵犯个人信仰的举动，这些会对对方造成伤害。

4. 保护隐私

不管互动对方的性别、文化背景如何，尊重个人的隐私是任何沟通顺利进行的必要条件。为了特殊目的需要提出某种问题，事前应该知会对方或征求对方的同意，这是跨文化交际中最基本的修养。

5. 避免个人偏见

人类在认知系统方面存在差异，我们在跨文化交际时受主观性的影响，很容易产生个人偏见，所以我们要避免把自己的意见强加给对方，进而造成不必要的误解。

（四）跨文化交际能力

交际能力涵盖用母语及外语进行交际的能力，交际能力包括以下 3 个方面：①可能性，即语言使用者是否掌握了语法规则，他在交际中使用的语法是否符合语法规则，是否在形式上可能。②可行性，即语言使用者能否灵活地使用语言，能否在交际情境中使用某些语言及可实施的程度。③恰当性，即语言使用者的话语是否已经付诸实施以及实施的程度。母语交际同外语交际之间有着显著的差异，这种差异主要体现为交际双方存在文化差异，不同的文化有着不同的交际规则。不同文化背景的人在一起交际时，有可能会因为不理解对方的文化背景而产生误解，甚至发生交际冲突。

跨文化交际能力由两部分构成，一是交际能力，二是跨文化能力。交际能力包括语言能力、语用能力和策略能力，三者相互联系、相互制约、协调工作。跨文化能力包括对文化差异的敏感性、宽容性及处理文化差异的灵活性。如语言、饮食、穿着等文化的表层差异，我们可以简单地识别出来，而态度、价值观、观念等深层文化差异不易被直接观察到，人们需要特别的训练才能习得。

我们在培养跨文化交际能力时，必须从低到高、循序渐进，首先，要引导学生树立文化差异的意识，让学生明白文化差异是必然存在的，且是必需的；其次，要端正学生对文化差异的态度，使他们能够以平等的态度来对待其他民族文化，尊重对方文化；最后，还要训练他们处理文化差异的技能和技巧，使他们在进行跨文化交际时，其交际行为符合交际语境中交际对象的社会文化规范和行为期待，举止大方得体，交际行为切实有效，能够顺利实现交际目标。这对于学生是个挑战，对于英语教师更是一个严峻考验。这就要求我们的英语教师要树立终身学习的理念，不断更新知识，拓宽视野，积极学习跨文化研究的前沿知识，提高自身跨文化交际能力，创新教学模式，不断提高跨文化英语交际能力教学质量。

第三节　跨文化传播中的语境意义

一、语境

（一）语境的概念

一个词只有在具体的语境当中才有确切的意义。例如，大家都非常熟悉“人”这一概念，如果抛开具体的言谈语境，孤零零地谈论“人”这个词，言谈主体就不知道“人”这个词具体指的是什么。如果把言谈“人”的行为置于不同的语境当中，“人”的确切含义就不一样。在偷盗或抢劫现场，当犯罪嫌疑人说“人”这个词的时候，很可能是在提示同伙提高警惕。生物学家在讲人与猩猩的生物学关系时，所提及的人不是具体的某个人，而是作为类的动物学意义上的“人”。此外，言说时的语气、书写时使用的标点符号，都会影响词语的具体含义。要掌握“文化”的确切含义就必须先明确使用该词的具体语境。那么，什么是语境？语境为什么会决定词语的意义？语境中发挥重要作用的成分或要素是什么？

构成一个言谈语境，必须具备一些基本要素。例如，言谈的主体、工具和内容。言谈可以是跨时空的，因此言谈语境对时间和地点的要求并不明显。言谈不是主体指向对象的单线条的述说，而是主体和对象之间的互动。这种互动不一定是外在的、有物质媒介的互动，也可以是内在的思想互动。从这一层意义上来说，言谈没有截然分明的主体和客体之分，所有的参与者既是主体也是客体。除此之外，语境还要有主题。对一个语境来说，主题可能有多个，在言谈的过程中主题也可以不断变换。主题有大有小，主题明确的语境是界线比较分明的语境。与之相反，主题零散或经常变化的语境是相对松散的语境。在语境当中，主题是起核心作用的因素。那么，主题的核心作用体现在哪些方面？笔者认为，其核心作用主要表现在以下三个方面：一是确立言说的大致范围。在一个语境当中，不同的主体，其言说的内容可以不同，但必须围绕同一个主题。否则，言说内容会成为主体之间交流的障碍。二是限定言谈内容的意义。一个词语可以有许多意义，一种意义可以用不同的词语表达。在一个语境当中，主题就像磁石一样影响着词语的意义，指引着词语的使用。三是决定语境的层次。毫无疑问，关于相对论的言谈主题明显不同于关于今天天气怎么样的言谈主题，两个主题所决定的语境完全不属于同一个层次。前者属于学术共同体，后者属于普罗大众。在言谈活动中，随着主题的改变，语境也随之变换。例如，在访谈节目中，谈论的主题既可以是非常专业的问题，也可以是极为普通的话题。在主题变化的过程中，语境在不断改变，词语和语句的意义也在发生改变。

主题核心作用的发挥，必须通过言谈主体来实现。在一个语境当中，所有的主体都在谈论主题，但并不是任何人都能影响或改变语境。影响语境的往往是该言谈主体中的核心人物或言谈活动的组织者。因此，语境是一个或紧密或松散的思想交流共同体。这个共同体既可以是宏大的社会组织，如国家、民族、宗教、地区组织，也可以是两人之间在场或不在场的思想交流。例如，在阅读一本书时，读者可以与作者进行不在场的思想交流。一个人可以生活在语境不断变化的世界，但不能生活在没有语境的世界。马克思所讲的人的本质是一切社会关系的总和，从政治经济学层面揭示了人的社会依赖性。人不能生活在没有语境的世界，这揭示了人的思想交流的社会依赖性。或许有人会问，流落在孤岛的鲁滨逊虽然孤身一人，不也活得好好的吗？笔者认为，思想交流的社会依赖性或言谈的语境相关性并不只是表现为人与人之间的物理联系，还表现为人与人之间的思想交流；不仅表现为现实的交流，还表现在已经发生或潜在的交流。鲁滨逊脱离了社会组织，但没有脱离人类社会，他仍然可以和不在场的人进行虚拟的思想交流。

人的言谈活动离不开语境，这揭示了语境具有普遍性；语境随着主题的变换而变化，这揭示了具体语境的相对性。语境的普遍性和具体语境的相对性启示人们，绝不可以抛开具体的语境去追逐意义的确定性。语言行为具有语境相关性是客观存在的事实，无所谓好与坏。人们应该主动认识和适应这种语境相关性，抛弃追求脱离一切语境的绝对意义的想法。相反，要沉下身子，穿梭于不同的语境当中，寻求具体语境当中词语或语句的确切意义。语境的层次具有相对性，一个具体的语境可能是由诸多更小的语境构成的。因此，在一个语境当中，词语含义的确切性也是相对而言的，人们不应该奢求对同一个词语或语句形成完全相同的理解。或者说，绝对确定的意义是不存在的，即使在同一个具体的语境当中。

（二）语境分类

语境是语言的一种客观属性，是现实生活中语言交际的基础。从广义上讲，语境指使用语言的主客观环境，是人们在言语交际过程中，与理解某一特定的交际话语有关的一切语言内和语言外因素的总和，包括上下文、交际地点、交际对象、社会文化、风俗习惯、价值观念、行为准则等多种因素。

中国语言学家张志公先生在《现代汉语》一书中指出："所谓语言环境，从比较小的范围来说，对语义的影响最直接的是现实的语言环境，也就是说话和听话时的场合以及话的前言后语。此外，大至一个时代、社会的性质和特点，小至交际双方个人的情况，如文化教养、知识水平、生活经验、语言风格和方言基础等，也是一种语言环境。与现实的语言环境相对称，这两种语言环境可称为广义的语言环境。"①

综上所述不难看出，学者从语符内与语符外两个角度探讨语境的构成，认为语境不仅包含交际双方所共有的语言知识，即对所用语言的句法规则、词汇、音系规则等，以及对语言的上下文的了解（这实际上就是语篇语境），而且包含语言外知识，即与特定的交际情境有关的知识（这实际上就是情境语境，即海姆斯

① 苏宝荣．词义研究与辞书释义 [M]. 北京：商务印书馆，2000：106-107.

所言 speaking)、与特定的交际情境之外的一般的背景知识(这实际上就是文化语境)。语境是一个基于语言交际活动而产生并用语码编织的主客观环境，相关学者论述了语境的四个区别性特征，即语境的相对封闭性、语境的外延和内涵的可调整性，语境中语码信息流动的严格方向性、语境中语用主体的特定性。一般说来，交际中信息的传递是在语境中实现的，语境因素影响并制约着人们对词义的推导和阐释，离开了特定的语境，语言就无法准确地传递信息。我们主张把语境分为三种，即语篇语境(discourse context)、情境语境(situational context)和文化语境(cultural context)。下面笔者将从语篇语境、情境语境和文化语境角度考察语境对词语的推导和阐释的制约作用。

(三)语境与文化

词语含义的语境相关性和语境层次的相对性否定了词语具有完全确定的含义，但是在不同语境中词语含义的相对确定性还是可以得到保障的，否则，人们相互之间的交流就无法开展，就无法进行同心协力的工作，世界的秩序就不能建立起来。如前所述，“文化”是使用极为广泛但又极不规范的一个词。使用的广泛性表现为，除了不同民族和国家的文化之外，不同地区和社会组织也有自己独特的文化。此外，人们可以把许多行业、产业与文化连在一起，表达行业或产业特有的文化。正因为“文化”一词使用的场合极为广泛，导致“文化”一词使用不规范现象时有发生。这种不规范表现为人们可以用“文化”表达很不相同的含义，例如，人们既可以在抽象层面谈论人类的文化，也可以在微观层面谈论一家企业的文化或一个人的文化修养，但各个层面的文化含义是很不相同的。那么，为什么“文化”一词会出现这种现象，而“基因”“相对论”等词的使用就相对规范一些呢?

回答这一问题就必须结合人类改造自然的实践活动，自人类诞生之后，就出现了文化。尽管不同氏族、部落和民族使用不同的词描述文化，但“文化”指称的对象始终是存在的。相反，基因、相对论、电子等概念是科学技术较为发达之后才提出来的。相对而言，新产生的词语含义比较确定，使用范围较窄，因此其运用就规范一些。此外，人们使用“文化”概念的门槛很低，即使没有多少专业知识的人也可以谈论文化，但专业领域的概念就不同了。文化一词是由人创造的，人们既可以站在人类的层面言谈文化，也可以从地区、民族甚至个体人的角度谈论文化。因此，使用门槛低、使用范围广、使用规则不确定等因素是“文化”具有含义模糊性的重要原因。在回答了“文化”一词使用极为广泛又极为混乱的原因之后，下面解释“文化”一词使用极为广泛又比较混乱的本质。

使用混乱并不等同于使用错误。错误的词语使用就是所用的词语全然不能准确表达言说主体的思想，而词语使用的混乱既可以表现为词语使用的错误，也可以表现为人们把不同层面或不同阶段的意义放在一起言说。例如，人们在谈论西北饮食文化时，绝不是在讲西北人民在饮食过程中体现出来的哲学思想。那么，人们运用“饮食文化”概念要表达什么意思？能不能用其他词语代替“饮食文化”？显然，“饮食文化”这个词是没有问题的。按照日常语言学派的观念，词语的意义要从词语的具体使用过程中去探求。“饮食文化”不单指物质层面的食品和饮料，也指代体现在具体食品和饮料之内的独特做法和价值追求。

人们在不同层面使用“文化”概念，可能会导致其使用的混乱。那么，如何避免使用混乱呢？笔者认为，关键在于明确言说的语境，将词语的意义限定在同一个语境当中。例如，在谈论古代文化的时候，就不能赋予“文化”以知识、人文精神或食品的制作工艺等含义；在谈论饮食文化的时候，就不能进入哲学层面言说文化，因为饮食就是解决人们吃饭问题的活动，很难扯到哲学意义。尽管有人从喝茶和饭菜的制作上挖掘蕴含其中的哲学道理，但这总给人一种牵强附会的感觉，最多是从饮食活动中找到与哲学思想相类似的因素。因此，笔者认为，只有划清言谈的范围，明确语境的界限，才能梳理清楚该语境中词语的具体含义。当然，要绝对划清语境的界限是不可能的事情，但尽可能划清界限和追求语义的确定性应该成为人们认识活动追求的重要目标。只有把每一个语境的界限划分清楚了，具体语境中“文化”的含义才能相对确定下来。不同语境中的“文化”构成了人们言说文化的庞大思想观念体系。

那么，语境是什么？怎样划分语境的界限？笔者认为，语境是一种思想观念层面的场域，这种场域不是自然界中独立存在的事物，而是人们在思维活动中建构起来的对象。因此，划清语境的界限就是确定言谈共同体广泛认可的语境。构建语境虽然是主体的思维活动，但不是漫无目的和没有原则的主观臆想。人们共同认可的语境包含明确的主题、诠释主题的基本理论及相关附属理论。如果把言谈活动比作科学活动，那么，语境就类似于库恩所说的“范式”。只有在共同的范式基础上，科学家共同体才能展开有效的学术交流与合作。当然，随着科学的发展，“范式”也在不断更新。与之类似，语境是言谈活动充分开展的前提，但语境不是一经建构就固定不变的，而是处在不断变化当中的。

那么，这些不同语境中的“文化”为什么能够说得通？或者说，不同语境中的“文化”概念相互之间有什么样的关联？笔者认为，这个问题可以用维特根斯坦的“家族相似”理论来解释。维特根斯坦反对本质主义，拒绝给词语下定义。因为他认为事物之间没有共同的本质，只有“家族相似性”。而且“家族相似性”只是一事物与另一事物之间的不完全相似性，不是所有事物具有的共同相似性。例如，一个家族里面，有些人面孔相似，有些人身材相似，有些人性格相似，但所有人没有共同的相似性。在笔者看来，要给一个词下一个绝对确定的定义是不可能的，但可以在具体语境中下一个大家能够接受的定义，而且这个定义可以在言谈过程中发生改变。如果接受了这一个观点，人们寻求词语定义的活动就能得到解释，追求词语使用规范和意义确定性的活动就能得到理论支撑。

二、语境与文化语义的阐释

（一）语篇语境与文化语义的阐释

语篇指任何不完全受句子语法约束的、在一定语境下表示完整语义的自然语言。语篇语境可以是口头的语篇（discourse），也可以是书面语篇（text），语篇可长可短，唯一的原则是它必须在特定的语境下具有意义，即语篇是人们在使用语言进行交际的过程中所创造的任何一个语义相对完整的语言的统一整体。上下文语境指一个词语前后搭配的词语，或是一个词与另一个词同现搭配的可能性，也可以是该句所在的语篇前后的语句、语段，语篇是一种静态的语境。

英语单词普遍存在着一词多义现象（polysemy），其中有基本义、引申义、比喻义等，词义的推导和阐释往往受制于特定的上下文关系。具体的语境可以使词语意义单一化、具体化，脱离了具体的语境，词语的意义是多重的、不确定的。一个词、一个句子除了字面意义，词语在特定的上下文中有时会偏离原有的概念意义而产生临时的语用意义。翻译过程不仅仅是译文语码的选择和确定过程，还是合适的译文语境的构建过程，二者相辅相成，为共同准确传达原文的意义服务。

（二）情境语境与文化语义的阐释

情境语境是指具体的参与交际的人、发生的事、交际的渠道和场景、交际者的个体心理与相互关系等，以及在交际推理过程中产生的认识。这是一种动态语境，它包括在语言交际中影响听话者理解说话者的话语意义以及交际意图的各种主客观因素。在日常交往中，情境语境还包括眼色、面部表情、手势等副语言环境。在语言研究和语言教学中，客观情境语境和主观情境语境都应该受到同样的重视。

在日常言语交际中，说话者有时会借助词语的多义性和语境的模糊性，把想要传递的语用信息隐藏在双重情境语境中，让听话者依靠语境来推导出说话者的“弦外之音”，情境语境可以负载很多的语用信息。

在美国的高速公路的入口处都挂有这样一句宣传语：“Better late than the late.”（迟到总比不到好。）这句宣传语脱胎于英语习语“Better late than never.”，具有语形上的对称美，这里“the late”指那些因交通事故而丧生的司机，故“Better late than the late.”言外之意是：高速公路上驾车很危险，迟到总比不到好，安全比丧了命好。因此，话语意义对情境语境具有很强的依附性，语境对话语意义有很强的制约性，一个单词若脱离了其特定的语言环境，就会失去它确定的意义，可以说“脱离了上下文，就不能正确理解词义”。

（三）文化语境与文化语义的阐释

文化语境是指某一言语社团特定的社会规范和习俗，包含语言运用的社会文化背景、历史文化传统、思维方式、价值观念及社会心理等，文化语境是社会结构的产物，是整个语言系统的环境，具体的情境语境则来源于文化语境。文化语境在跨文化交际中起着非常重要的作用，因为语言与社会互相依存，文化语境会影响人们言语的表达方式和词语的内涵色彩。文化对词汇的影响，首先表现在它能给词语涂上一层文化内涵色彩，王德春教授称为“国俗语义词”或“文化负载词”（culturally-loaded words）。文化语境会影响人们对词语感情色彩的理解。不同的文化感知对同一形式的语言符号可能产生不同的含义理解，而感知的重要标准由文化背景来决定。文化背景不同，同一个词、同一种表达方式，不同文化背景的人会产生不同的联想意义。

例如，西方人总是把“bat”（蝙蝠）与黑暗势力联系在一起，而黑暗往往象征着阴谋和罪恶，于是他们认为“bat”是一种邪恶的动物，对蝙蝠没有好感，特别是“vampire bat”（吸血蝠），提起来就令人恐惧。英语中有“as blind as a bat”（有眼无珠）、“as crazy as a bat”（发疯）、“a bit batty”（有点反常）、“have bats in the belfry”（发痴，异想天开）等坏的联想和比喻。但是，蝙蝠在汉语中的形象与西方不同，因为“蝠”与“福”在汉语中同音，故中国人认为蝙蝠是吉祥幸福的象征。过去，经济条件好的人家的大厅横梁上一般会雕刻五只红蝙蝠，同时横梁上还会挂着“紫气东来”的红蝠，象征着五福齐天、幸福吉祥。因为“红蝠”与“洪福”谐音，红蝙蝠是大吉大利的前兆。

可见，由于风俗习惯、心理因素、文化背景等不同，同一事物在不同的文化中的寓意是不一样的，因此对语言形式的准确理解不仅需要正确的语言知识，还需要对这种语言的文化语境有所了解，相关的文化语境知识可以帮助我们准确地了解词汇的文化内涵。例如，“The United States is a graying society，so she has set up a loneliness industry.”（美国是一个老龄化的社会，所以美国建立了一套完善的福利制度）。“gray”原义表示头发花白，如“gray hairs”（花白的头发），这里“graying society”表示老龄化社会，“graying problem”表示老龄化问题，“graying population”表示老龄化人口。因为西方社会竞争激烈，人们认为老人缺乏竞争力，所以忌讳说老，凡是说老的词语一般用委婉语，于是老人被说成“the elderly people/senior citizen/pensioner”。而在中国社会中，年龄被看作智慧和阅历的象征，人们认为“人老心空，树老身空”（相当于：Age brings wisdom.）。“a loneliness industry”指美国为了照顾大量孤寡老人而建立的社会服务项目，如果脱离美国社会环境，我们就很难理解这句话的含义。

此外，文化具有时空性和地域性，在不同的文化生态和自然环境下，不同的民族创造了自己特有的文化传统，每一个民族都有其特定的思维模式和行为方式且渗透在语言中。我们经常看到同一词语在不同地域含义不同，如“public school”在美国指的是民办学校，而在英国是指公立学校（municipally-run school），英国的私立学校称为“private school”，美国的公立学校称为“state school”。因此，在交际过程中，我们应该注意文化因素对词语解码的影响，避免跨文化交际中词语理解的一一对应，要有意识地避免本族语对外语的语用负迁移和干扰。

第四节　跨文化交际能力的评估

评估是使用最宽泛的术语，既可以和测试换用，也可以指收集语言数据，包括各种测试的数据。语言学者通常通过语言测试来收集两类评估的数据：一类是与语言学习的进展程度有关的数据；另一类是与语言能力能否满足具体需要有关的数据。

一、现代语言测试的历史发展

测试是检查受试者学习效果、衡量受试者能力和教师教学的一种手段，是任何能力培养体系都不可或缺的组成部分。在跨文化交际能力培养体系的构建中，测试是难度比较大的研究部分，因为人的能力和素质是很难被量化和测量的。跨文化交际能力的测试源于语言能力的测试，现代语言测试的历史经历了以下四个阶段。

（一）传统时期

20 世纪 40 年代以前，是语言测试的前科学时期。在这一时期，语言测试基本上不是在语言学理论的指导下开展的，测试主要通过作文、口试、翻译等形式进行，测试结果主要靠考试实施者的直觉进行评判，缺乏科学性。

（二）心理测量—结构主义时期

20 世纪 50 年代末、20 世纪 60 年代初到 20 世纪 70 年代是语言测试的科学时期。这一时期的语言测试以结构主义语言学为理论基础，同时心理学的行为主义理论及心理测量学的原则和方法对语言测试起到了重要的指导作用。1961 年，现代语言测试的创始人罗伯特・拉多（Robert Lado）出版了《语言测试——外语测试的开发与使用》一书，该书第一次全面论述了语言测试的原理、原则和方法。这一时期的主要测试方法是分立式测试，即分别测试语言知识的各个成分或某一单项技能的测试形式。

（三）心理语言学和社会语言学时期

20 世纪 70 年代至 20 世纪 80 年代初是语言测试的后现代时期。在这一时期，语言测试的语言学理论基础从结构主义语言学转向了社会语言学，测验更多地关注如何从功能性、社会性和语言应用的角度考查应试者，测试方法从分立式转向了综合式，即同时测试不止一项知识或技能的测试形式。

（四）交际法语言测试时期

从 20 世纪 80 年代初至今是交际法语言测试时期。20 世纪 70 年代末到 20 世纪 80 年代美国语言教学界开展了一场“水平运动”。很多语言教学界人士认为，语言教学及语言测验要以语言水平为中心，而语言水平表现为交际能力。这一时期，人们更多地把精力集中在探讨语言交际能力方面。1990 年，巴克曼（Bachman）提出语言交际能力模型，这成为语言测试发展史上一个新的转折点，他将组织能力和语用能力并重，并将其作为语言能力的两个组成部分。他还提出了语言交际能力模型，将知识结构和策略能力也看作语言交际能力的重要组成部分，将传统的纯语言能力拓展到了交际能力的范畴，这直接推动了跨文化交际能力的研究。

从发展趋势来看，交际性语言测试是一个重要的方向，为跨文化交际能力测试提供了发展的基础。

二、跨文化交际能力测试与评价的内容

跨文化交际能力测试与评价考查的是被试者的跨文化交际能力，即与来自其他文化背景的交际者进行得体、有效交流的能力。要实现这种得体、有效的交际，交际者需要具备一定的跨文化交际意识、知识和技能。

（一）意识

我们对其他文化的理解与接受很大程度上取决于我们对这一文化的态度和进行文化交际的动机，以及我们是否对其他文化有兴趣、是否对其他文化持有一种开放的态度，即是否能够理解并接受其他文化中的行为、信仰并从其他文化的角度来分析看待问题。每一种文化在其他文化中都有一定的定型模式（stereotype），这种模式有时候可能是一种消极的偏见，有时候也可能是积极的“偏见”。但无论是积极还是消极，都不是对这一文化客观的认识，因此对其他文化的态度也是跨文化交际能力的重要部分，交际动机也会对交际成败产生重要影响。交际焦虑、

对待其他文化的态度、民族中心主义、偏见等都可能成为影响跨文化意识的因素。如果对交际的恐惧、厌恶与焦虑占据了主导地位，交际者即便具备交际的知识，也会不自觉地躲避交际；相反，如果对交际充满信心与兴趣，即便交际知识上稍有欠缺，交际者也会积极地参与交际，从而在实践中获得提高。所以，要提高跨文化交际能力，就需要引导交际者对跨文化交际抱有积极的态度与适当的动机，从而提高其跨文化交际意识。

（二）知识

一个优秀的跨文化交际者不仅需要了解有关交际对象、交际规则、交际情境的信息，还需要了解其他文化成员对交际的预期。如果缺乏相应的知识，交际者就会犯错误。跨文化交际的突出特点是文化不同，交际者的语言、思维方式、社会生活背景乃至价值观念等各方面都存在差异。因此，要顺利实现跨文化交际，跨文化交际者需深入了解双方国家的政治经济、历史地理、社会制度、文化宗教等基本常识及其异同点，掌握与不同文化的人之间进行有效交流的方法。

知识方面可分为两个部分，文化常识和交际常识。文化常识是指与自己国家或交流者所在国家或文化相关的知识，可分为各国国情、历史、地理、艺术、制度、哲学、宗教、科学、民俗等。

交际常识是指在交际中涉及的知识，可分为语言交际常识和非言语交际常识两类。其中，语言交际常识指隐含在语言系统中的反映一个民族的心理状态、价值观念、生活方式、思维方式、道德标准、是非标准、风俗习惯、审美情趣等的一种特殊文化因素。非言语交际常识包括有关交际距离、交际礼仪、交际禁忌等方面的知识。一个优秀的跨文化交际者不仅需要了解有关交际对象、交际规则、交际情境的信息，还需要了解其他文化成员对交际的预期。如果缺乏相应的知识、交际者就会犯错误。他可能会违反交际规则，甚至可能会失礼。而且，即便是出现这样的情况，他也不会意识到，更不可能及时地更正自己的错误。因此，一定的交际知识对于跨文化交际是必要的。

（三）技能

技能方面主要是考查知识的运用。技能是指在特定交际情境下得体有效的行为表现，是可重复的。偶尔表现出的得体有效的行为不能被称为技能，只有交际者在类似交际情境中能重复表现出得体有效的行为才能说明他具备了某种技能。对跨文化交际有帮助的技能包括行为的灵活性、交际的参与性、交际不确定性的消除、得体地表达敬意等。文化知识可以通过教育和培训等方式有意识地获取，但技能需要交际者在了解了一些文化知识之后，在交际活动中自觉或不自觉地运用这些知识来使交际活动能够顺利地进行并达到预期，还要求交际者了解不同文化间的差异，并能够根据交流者对其他文化的掌握情况制订交流策略。

第二章　英语教学与翻译策略概述

本章为英语教学与翻译策略概述，对教学和翻译的概念进行了分析，主要介绍了英语教学的内涵、目的和本质特点、英语教学的基本理论与方法、翻译的基本理论、翻译的基本策略四个方面的内容。

第一节　英语教学的内涵、目的和本质特点

在我国的高等教育中，英语是一门重要课程，而这门课程的内容与社会需要、国家需要、学生需要有着紧密的关系。对于高校英语教学的界定，我们可以从多个层面进行理解与把握。为了让读者对此概念有更好的认识，下面从多个层面展开分析。

一、英语教学的内涵

教学作为一项实践活动，贯穿整个人类社会的生产与发展过程中。也就是说，教学在原始社会就产生了，只不过原始社会将教学与生活本身视作一回事，并不是将教学视作独立的个体存在。但是，随着社会的不断发展，教学逐渐独立出来，成为一个单独的形态存在，并对人们的生产生活产生着重要的影响。由于角度不同，人们对教学概念的理解也不同，因此笔者从常见的几个定义出发进行解释。

有人认为教学就是教授。从汉字词源学上分析，“教”与“教学”有着不同的解释，但是在我国教育活动中，人们往往习惯从教师的角度对教学的概念进行解释，即将教学理解为“教”。

有人认为教学就是学生的学。有些学者从学生“学”的角度对教学进行界定，认为教学是学生基于教师的指导，对知识进行学习的过程，从而发展学生自身的技能，形成自身的品德。

有人认为教学是教师“教”与学生“学”。教师与学生将课程内容作为媒介，为了实现共同的目标，彼此共同参与到活动中。该观点认为，教学不仅包含教，还包含学，教与学是同一过程的两个方面，彼此相辅相成、不可分割。教学的根本目的在于促进学生的进步和发展。因此，这一观点是对前面两个观点的超越。

有人认为教学是教师教学生学。这一观点主要强调的是教师指导学生“学习”，即“教师教学生学”，而不是简单的“教师教与学生学”这一并列的概念。也就是说，这一观点强调教师要教会学生学习，重视学生学习方法的传授等，让学生学会自主学习。

英语教学的内涵有很多，可以概括为如下四点。

第一，英语教学以有目的、有计划的组织形式进行知识经验的传授，这有助于教学活动保证良好的节奏与秩序，从而提升教学的效果。各项规章制度对教学行为进行规范，能够使教学活动更具有整齐性与系统性，避免随意与凌乱，最终使教学变成一个专业性极强的特殊活动。

第二，英语教学研究者考虑知识的构成规律，经过科学的选择，将内容按照逻辑顺序编纂成教材。英语教师根据这样的教材进行教学，帮助学生认识世界，这要比学生自己选择知识更具有优越性。

第三，英语教学是教师在精心安排与引导的过程中进行的，其可以避免学生自身学习的困难，帮助他们解决具体的问题。同时，英语教师会选择最优的方式展开教学，以保证学生学习的每一步都能顺利开展。

第四，英语教学不仅仅是为了传授知识，其要完成全方位的发展，既包含知识的获得、能力的提升，又包括个性特长的发展、品德的完善，这种全方位的发展只有通过英语教学才可以实现。

综上所述，我们可以将英语教学概括为教师依据一定的英语教学目的与教学目标，在有计划的系统性的过程中，借助一定的方法和技术，以传授和掌握英语知识为基础，促进大学生整体素质发展的教与学相统一的教育活动。

二、英语教学的目的

（一）满足社会需求

时代不同，社会对英语人才的需求必然也存在差异性，因此英语教学的模式也必然存在差异。近些年，随着全球化的推进，国与国之间的交往更为紧密，这就需要英语发挥中介与桥梁的作用。英语运用得是否流利、准确，直接影响着交际的开展。21 世纪对英语人才的需求更大、要求更高。因此，开展英语教学显得更为必要，与 21 世纪的社会需求相符，也有助于培养出英语人才。

（二）迎合社会发展趋势

在当今大时代背景下，国与国之间的交往日益频繁，这就要求学生应该努力学习语言与文化知识，获取语言与文化技能。世界是一个地球村，经济全球化使交际呈现出多样性，因此在英语教学中，教师除了要让学生提升自身的语言能力之外，还应该让他们提升自身的跨文化交际能力，应对交际中出现的各种变化。另外，随着多元社会的推进，交际者应该具备一定的合作能力与意识，不论生活在什么文化背景中，都应该为社会的进步努力，树立自己的文化意识，用积极的心态去认识世界。英语教学中的跨文化交际教学能将英语的价值充分地体现出来，学生对跨文化交际知识的学习也要与社会的发展相符，这是中西文化交流不断推进的必由之路。

（三）实现素质教育

现如今，我国对于素质教育非常推崇。英语作为一门基础课程，其教学也是素质教育。英语教学是实现素质教育的一个重要工具，也是一个主要渠道。这是因为，英语教学除了知识传授之外，还有文化素质与文化思维的培养，这与跨文化教学的要求有异曲同工之妙。因此，在教学中，教师必须将语言与文化的关系处理好，引入西方国家文化，汲取其中的有益成分时，发扬我国的传统文化。

1. 培养学生的文化感知力

教师在英语教学中要有意识地向学生传授文化背景知识，从而使学生更全面地了解其他国家的实际情况，进而能在适当的场合使用准确的语言表达自己的观点。此外，教师还应向学生介绍其他国家的文化传统，提高学生对不同文化的感知力，增强其跨文化交际意识和能力。

2. 培养学生对文化的敏感性

对于英语教学的任务而言，教师除了要进行英语基本知识和技能的传授之外，还必须培养并增强学生对中英文化差异的敏感性。学生可以在课堂上借助教师对中西文化差异的讲解和跨文化交际的研究而达到这一目的。

如果在英语课堂组织的对话活动中，教师仅关注学生在语音、词汇和语法上的准确性，忽视文化的差异性，就不利于学生语言运用能力的增强，学生也就无法准确灵活地使用语言。

三、英语教学的本质特点

（一）系统性与计划性

系统性主要体现在其制定者的工作中，如教育行政机构、教研部门和学校的教学管理者等的工作。英语教学的计划性指的是对英语基础知识的计划性教学，如英语语音、词汇、语法、写作、阅读等具体知识和技能的传递。

（二）以课程内容为媒介

在教师教与学生学之间，课程内容充当中介与纽带的作用。师生要围绕这一纽带来开展教学活动。因此，英语课程内容是教学活动开展的必要条件。

（三）建构意义

英语教学活动的目的在于促进学生的全面发展，实际上这一目的实现的过程就是学生不断建构知识意义的过程，即学生对原有知识与经验进行重组、对新知识的意义加以建构的过程。在实际的学习中，学生只有将新旧知识的意义结合起来，才能真正地学好知识、掌握知识。

（四）目的性与计划性

教学具有计划性、目的性，这主要在于教师通过教学让学生获得知识与技能，实现多层面的发挥。在教学活动中，教师需要从教学任务与教学目的出发，将课程内容作为媒介，通过各种方法、手段等引导学生进行交往与交流，以促进学生的全面发展。

（五）师生统一活动

前面通过介绍教学的定义可知，不论就哪个角度而言，人们都不能否认教学活动是“教”与“学”的过程，且二者是相互制约、相互依赖的关系。在课堂中，教师的“教”离不开学生的“学”，学生的“学”也离不开教师的“教”，因此二者是同一过程的两个层面。正如王策三在《教学论稿》中所说：“所谓教学，乃是教师教、学生学的统一活动；在这一活动中，学生掌握自身需要的知识与技能，同时促进自己身心的发展。”①

需要指明的是，英语教学并不是教与学的简单相加，而是教师指导学生学习的过程，是二者相统一、相结合的过程。要想保证教与学的统一，就不能片面地强调只有教或者只有学，也不能片面地简单相加，而应该从学生自身的学习规律与身心发展特点出发，进行教与学的活动。从这一点来说，教师教学能否成功的关键在于学生的学。

第二节　英语教学的基本理论与方法

一、英语教学基本理论

教育学以人类社会所特有的教育现象为研究对象，它的任务就是通过对教育现象的研究来揭示教育的规律，并在揭示教育规律的基础上，阐明教育工作的一般原理和基本要求，进而确定教育工作正确而适当的内容、方法和组织形式等。英语教学作为一种教学活动，是整个教育体系的组成部分，因此教育学理论与英语教学具有密切的关系，教育学的基本原理和原则具有普遍的指导意义，应该被广泛地应用到英语教学之中。另外，教育心理学与英语教学也有密切的关系。教育心理学是在教育教学情境中，关于教与学的基本心理规律的科学，它的目标在于研究教与学过程的规律，以及发展促进学与教的过程的方法。

（一）比较语言学

比较语言学，又称历史比较语言学，起源于18世纪和19世纪的欧洲，其研究重点是印欧语系诸语言的语音系统。它是把各种语言放在一起加以共时比较，或把同一种语言的历史发展的各个不同阶段进行历时比较，以找出它们之间在语音、词汇、语法上的对应关系和异同的一门学科。利用这门学科，一方面，我们

① 王策三．教学论稿［M］．北京：人民教育出版社，1995：88-89.

可以研究相关语言之间结构上的亲缘关系，找出它们的共同母语，或者明白各种语言自身的特点对语言教学的促进作用；另一方面，我们可以找出语言发展、变化的轨迹和导致语言发展、变化的原因。19 世纪它就被广泛地应用于印欧语的语言研究中，取得了很大成就。

（二）理论语言学

理论语言学是指对语言的科学研究，它担负着对人类语言进行描述、分析和解释的任务，其内容包括语言的本质、构成、意义及如何使用，分支主要包括语音学和音系学、词汇学、句法学和语义学。语言学可以让我们对语言具有科学的认识，因为不同的语言观会直接影响英语教学质量。桂诗春教授曾经讨论了三种不同的语言观及其对英语教学的影响。语言学理论可以有效地帮助我们正确、科学、全面地认识语言。语音学研究语音的物理属性、人类发音的方法、语言感知的生理过程，其主要内容包括语音的发音机制、元音、辅音、语言的韵律特征等；音位学则研究一种语言有多少个不同的音，以及这些音彼此之间的区别和关系，其主要内容包括音位和语音的区分特征；词汇学研究词的构成及变化规律；句法学研究句子的结构；语义学则研究词的意义及同义、反义、上下义等语义关系。这些学科的研究成果都可以被直接地应用于英语教学的实践之中。

（三）行为主义心理学

行为主义心理学是 20 世纪 50 年代在美国兴起的一种心理学思潮，其主要代表人物是华生（Watson）和斯金纳（Skinner）。他们认为学习是刺激与反应之间的联结，他们的基本假设是：行为是学习者对环境刺激所作出的反应。

他们把环境看成刺激，把伴随而来的有机体行为看作反应，认为所有行为都是习得的。在学习理论中，行为主义起到了重要的作用，尤其是巴甫洛夫的经典条件反射和斯金纳的操作条件反射理论在人类的学习中应用甚广。

简单介绍一下斯金纳的操作条件反射理论。小孩发生一个反应，如果这个反应得到强化，他就会得以保存。例如，如果小孩说“I want milk.”（我想喝牛奶。），父母给了他牛奶，他的话语得到强化，经过重复，小孩就习得了“I want milk.”。所以在学习过程中，当给予学生一定的教学信息——“刺激”后，学生可能会产生许多种反应，在这些反应中，只有与教学信息相关的反应才是操作性反应。在学生作出了操作性反应后，教师要及时给予强化，如学生答对时告诉他“好”或“正确”，答错时要告诉他“不对”或“错了”，这样在下次出现同样刺激时，学生作出错误反应的可能性就会大为减少，从而促进学生在教学信息与自身反应之间形成联结，完成对教学信息的学习。

（四）人本主义心理学

人本主义心理学是20世纪五六十年代在美国兴起的一种心理学思潮，其主要代表人物是马斯洛（Maslow）和罗杰斯（Rogers）。人本主义心理学认为，人不仅是思维的存在，也是情感的存在。学习过程是以人的整体的心理活动为基础的认知活动和情感活动相统一的过程。认知因素和情感因素在学习过程中是同时发生、交互作用的，它们共同组成学生学习心理的两个不同方面，并从不同角度对学习活动施予重大影响。如果没有认知因素的参与，学习任务不可能完成；同样，如果没有情感因素的参与，学习活动既不能发生也不能维持。人本主义重视的是教学过程而不是教学内容，重视的是教学方法而不是教学结果，强调教学的目标在于促进学习。教学要以学生为中心，教师只是学习的促进者、协作者或者说话伙伴、朋友，学生才是学习的关键，学习的过程就是学习的目的之所在。

二、英语教学的常用方法

（一）语法翻译法与直接法

1. 语法翻译法

语法翻译法是英语教学的一种方法，其以翻译和语法学习为主要的教学活动。语法翻译法为欧洲教授拉丁语和希腊语的传统方法，这种方法从19世纪开始被应用于教学现代语言，如法语、德语和英语，至今还在许多国家被广泛应用。

（1）语言和语言学习的观点

语法翻译法把目标语（英语）看成一个规则系统，这一规则系统能从文本和句子中被人们了解到，并与母语规则和意义产生联系。语言学习被视为智力活动，这种智力活动涉及规则学习、规则记忆和以大量翻译方式与母语意义相联系的操作。

（2）教师的教学目的

按照使用语法翻译法教师的理解，学习英语的主要目的是通过学习英语来培养学生阅读文学作品的能力。为达到此目的，学生必须掌握英语的词汇和语法规则，以便能运用其进行翻译。教师还相信，在学习英语的过程中，通过背诵语法规则、背诵词汇、应用语法规则做翻译练习，学生可以得到更多逻辑、思维的训练。

（3）主要的教学活动和特点

语法翻译法主要的课堂教学活动包括对整篇课文大意的译述、把英语课文逐句译成母语的活动、对课文中语法规则做演绎式的讲解，以及直接阅读课文来加深对课文的理解等活动。

如果在一个以语法翻译法为教学方法的课堂上听课，教师在教授“最后一课”（The Last Lesson）时，课堂活动很可能会呈现出如下设计。

第一，教师用母语对文章的作者和写作背景做一个简单介绍，接着教师会对文章大意进行译述，使学生对文章的整体有一个初步的理解。

第二，对课文进行逐句翻译。一般来说，在翻译之前，教师会带读单词表里的单词，让学生知道单词的发音和意义。在逐句翻译的时候，教师会先朗读句子，然后用母语解释词的意义、短语的意义和句子的意义。碰到语法方面（包括词法、句法及惯用法）的问题，教师会比较详细地解释语法现象、规则和用法，并举例加以证明。逐句翻译和语法讲解是语法翻译法课堂教学的中心活动，它占去课堂活动的大部分时间。

在讲解清楚语法和翻译完课文的基础上，教师还会让学生直接阅读课文，并做一些阅读理解的练习以加深对课文整体的理解。阅读理解的练习多半以多项选择的形式出现。

到此为止，教师基本完成了一课的教学。教师还可以根据情况让学生做一些笔头的翻译练习。

2. 直接法

直接法是英语教学的一种方法，具有以下特点：①只使用目标语进行教学。②目标语的意义通过语言、动作、物体等手段结合情景来表达。③先教说，后教读、写。④用归纳法讲授语法。

直接法在 19 世纪末是作为对语法翻译法进行的批判而创立的。

（1）语言和语言学习的观点

主张直接法的学者认为口语是第一性的，而非笔头语，所以学生应学习日常使用的目标语。英语学习和母语学习相似，语言学习过程可用联想心理学来解释。因此，学生可以将英语教学与教室、家庭、街道等不同环境中的实物、人物等联系起来。

（2）教师的教学目的

使用直接法的教师旨在培养学生使用英语进行交际的能力。虽然听、说、读、写四种技能都要培养，但要将入门阶段的重点放在对学生口语能力的培养方面。为了更好地达到培养学生运用英语进行交际的目的，学生应学会用英语思维进行思考，只有这样，学生才能摆脱母语的干扰，无障碍地用英语表达自己的思想。

（3）主要的教学活动和特点

直接法主要得名于它主张在英语教学中将英语词语同它所代表的事物和意义直接联系起来，这种联系是直接的，不需要以翻译为中介。直接法的主要目的是培养学生运用英语进行交际的能力，而在初级阶段，其培养目的主要是口头交际的能力。因此，在直接法的课堂里，教学活动有如下 3 个特点：①全英语的教学。教师用英语进行教学，并广泛使用实物、图画、手势、表情等直观手段对英语的词义和句子等进行解释，以使意义表现得更清楚。②模仿、朗读和问答是主要的教学活动形式。这些活动有利于帮助学生更好地掌握正确的语音、语调和培养学生的口头表达能力。直接法主张听、说、读、写同时进行，因此在突出听、说技能训练的同时，读、写也要从一开始就展开训练。③教师要求学生在提问或对教师的问题作答时，均要以完整的句子说出问句或答句，因为句子是口语交际的基本单位。

（二）情景法与听说法

1. 情景法

情景法又称口语情景法（oral approach and situational language teaching），是 20 世纪 30—60 年代由英国应用语言学家创立的英语教学法。情景法的影响较大，许多学校仍在使用按它的原则编写出来的教科书、工具书和字典，如《新概念英语》《英语句型和惯用法》《现代高级英语学生字典》。虽然情景法和听说法有共同的理论基础，但是情景法也有不同于听说法的特点，即它强调语言在情景中的应用。

（1）语言和语言学习的观点

口语是语言的基础，结构是讲话能力的核心，学生应在情景中通过口头练习来学习语言结构。学习语言有三个过程，即接受语言输入、重复操练熟记语言、在实际练习中使之变为个人技能。行为主义的语言学习观是习惯形成理论。

（2）教师的教学目的

使用情景法的教师希望通过英语教学培养学生四种基本的语言技巧，即听、说、读、写。这些技巧是通过对语言结构的掌握获得的，而语言结构又是通过口语的训练来掌握的。

（3）主要的教学活动和特点

首先，教师根据课本中提供的图画（情景）向学生说明将要学习的内容。其次，是听力训练：听对话或课文的朗读（或录音）。由于教师要求学生合书而听，在这一阶段，学生只会接触到声音符号和图画提供的信息，没有与文字符号打交道。最后，教师开始对课文或对话进行讲解，并要求学生弄懂新的词汇和语法结构。教师用英语做解释，但碰到特别困难的词汇和结构时，也可以用母语讲解。在学生理解课文内容的基础上，教师会指导学生对课文的重点结构进行练习。练习时，教师向学生提供一定的语言线索或情景，控制练习的内容，学生则按要求口头练习不同的语言结构。

在听、说练习的基础上，教师会安排笔头练习，好让学生把学到的语言结构加以巩固。笔头练习的形式包括回答问题、句型转换、造句等。

（4）对学生能力的培养

情景法有六大特点，其中两个特点是：①语言教学始于口语。材料在以书面形式呈现之前是口头讲授的；②一旦有了足够的词汇和语法基础，就会引入阅读和写作。通过解读这两个特点，我们可以发现，虽然情景法的目标是培养学生听、说、读、写的能力，但是它强调的仍然是听、说方面的能力。在主张情景法的学者看来，口语是第一性的，是书面语的基础，是在教学中应强调的方面。

2. 听说法

听说法是由美国语言学家建立起来的英语教学方法。它和直接法的共同之处是强调口语的第一性，强调口头能力的培养。但它也有自己的独特性，它认为语言是不同的，母语是英语学习的主要干扰因素，可以使用对比分析母语和英语各个层面的异同，预测学习英语时碰到的困难。“听说领先，读写跟上”，这是听说法特有的一种表述。

（1）语言和语言学习的观点

听说法把语言看作一个系统，这个系统由在结构上相互关系用以表意的成分组成，这些成分是音素、词素、单词、结构和句型。因此，听说法在语言学理论方面是以结构主义作为其理论基础的。

在语言学习理论方面，听说法是以行为主义的学习理论作为依据的。按照行为主义中言语行为的学习模式，语言技能的获得必须经过“刺激—反应—强化”这一过程。学生对教师的语言（刺激）作出反应，教师应尽量强化正确的反应，使它们重复出现。语言学习被视为习惯的培养，教师会要求学生重复某些语言结构以加快习惯的养成。因此，句型操练在听说法中被视为一种有效的方法。

（2）教师的教学目的

使用听说法的教师希望通过教学培养学生使用英语进行交际的能力。语言是一套习惯，学习英语就要养成一套新的习惯。而要这样做，就需要大量地学习语言，并通过大量地模仿、记忆和练习，熟练掌握各种语言结构（包括语音、语法和词汇的结构），在运用各种语言结构进行交际时才能达到不假思索、脱口而出的程度（或称为自动化的程度）。为能自动化地使用英语，学生必须解决母语的旧习惯对英语新习惯的干扰。

（3）对学生能力的培养

主张听说法的学者认为口语是第一性的、文字是第二性的，良好的听说训练有利于读写能力的培养。因此，听说法强调听、说能力的培养，课堂的大部分时间都应花在听和说的训练方面。教师很注意学生的发音和语调，不少教师还使用语言实验室加强听的训练，特别训练学生对不同音位的词对和句子的区分，教师还会使用语言实验室训练学生对正确的语音和语调的掌握。

（4）教学材料的设计

听说法教材的编写有两个较明显的特点：①按结构大纲来编写；②考虑学生的母语和文化背景，根据不同母语背景的学生的特点来编写。

结构大纲对语言不同的层面（语音、语法、词汇）都有较详细的描述，各种结构都按由简单到复杂的顺序排列好，以供编写教材使用。因此，在听说法的教材里，我们可以看到有语音的训练项目（发好某一个音的要领、发音的示意图等）、语法结构的训练项目和词汇的训练项目。但最中心、最重要的项目应该算是句型的训练，这是因为支持听说法的学者认为，语言首先是言语，而言语要求学生通过结构进行学习。

第三节　翻译的基本理论

一、翻译的概念及特点

（一）翻译的概念

翻译是文化交流的桥梁和纽带，在中西方各自的文化历史发展中，起了十分关键的作用，可以说没有翻译史就没有世界文明史。我国关于译事记载的文献最早出现在周朝，《周礼》和《礼记》两书中就有关于周王朝翻译官职的记载。

《周礼·秋官》："象胥，掌蛮夷闽貉戎狄之国使，掌传王之言而喻说焉，以和亲之。若以时入宾，则协其礼与其辞言传之。"①

《礼记·王制》："中国、夷、蛮、戎、狄……五方之民，言语不通，嗜欲不同。达其志，通其欲，东方日寄，南方日象，西方日狄，北方日译。"②

上面文中所提到的"象胥""寄""象""狄鞮"及"译"指古代的翻译官。随着时代的进步，不同文化交往日益频繁，翻译的作用越发重要，人们对翻译的认识也逐渐深入。经过千百年来各国翻译工作者的共同努力，翻译已经在语言学、文学、文化学、心理学、人类学、哲学和教育学等学科的基础上初步形成了一套理论体系，并在具体实践中总结出了一套行之有效的跨文化语言转换模式。

那么什么是翻译呢？这是在翻译实践之前要回答的关键问题，因为对翻译本质的不同认识会形成不同的译文，从而产生不同的读者反映。下面是部分翻译理

① 柳诒徵．中国文化史 上 [M]. 长春：吉林人民出版社，2021：283.

② 李振宏．四库群经名言名典 [M]. 沈阳：沈阳出版社，2006：689.

论家对翻译的定义，由此可见人们在翻译性质认识上的差异。

张培基提出：“翻译是运用一种语言把另一种语言所表达的思维内容准确而完整地重新表达出来的活动。”①

矛盾认为：“文学的翻译是用另一种语言，把原作的艺术意境传达出来，使读者在读译文的时候能够像读原作一样得到启发、感动和美的感受。”②“文学翻译的主要任务既然在于把原作的精神、面貌忠实地复制出来，那么，这种艺术创造性的翻译就完全是必要的。”③

众多定义中，哪种更准确、贴切？要回答这个问题，我们先来看看翻译活动本身。

翻译的具体形式有很多，如口译、笔译、机器翻译等，从翻译的物质形态来说，它表现为各类符号系统的选择组合，具体可分为四类。

第一，有声语言符号，即自然语言的口头语言，其表现形式为电话通信、内外谈判和接待外宾等。

第二，无声语言符号，包括文字符号和图像符号，其表现形式为谈判决议、社交书信、电文、通信及各种文学作品等印刷品。

第三，有声非语言符号，即传播过程中所谓的有声而不分音节的“类语言”符号，其常见方式为：说话时的特殊重读、语调变化、笑声和掌声，这类符号无具体的音节可分，语义也不是固定不变的，其信息是在一定的语言环境中得以传播的，比如笑声可能承载着正信息，也可能承载着负信息，又如掌声可以传播欢迎、赞成、高兴等信息，也可以传递一种礼貌的否定等。

第四，无声非语言符号，即各种人体语言符号，表现为人的动作、表情和服饰等无声伴随语言符号，这类符号具有鲜明的民族文化性，比如人的某些动作，在不同的民族文化中所表达的语义信息完全不同，不仅如此，它还能强化有声语言的传播效果。如在交谈时，如果伴随适当的人体语言，会明显增强口头语言的表达效果。

---

① 冯全功．翻译是一种符号转换活动——关于翻译定义的若干思考 [J]. 中国翻译，2022，43（3）：11-19；191.

② 钟毅．陌生化语言的翻译与剧本“文学性”的实现——20 世纪八、九十年代奥尼尔戏剧汉译本研究 [J]. 中国翻译，2019，40（5）：121-129；190.

③ 陈洁．从《红楼梦》翻译看模糊语美学意蕴的艺术再现 [J]. 郑州大学学报（哲学社会科学版），2007（3）：149-152.

这四大类符号既可以表达翻译的原码，也可以表达翻译出的译码，它们可以单独作为原码或译码的物质载体，也可以由两种、三种、四种共同组成译码或原码的载体。

从翻译运作的程序上看，翻译实际包括理解、转换和表达三个环节，理解是分析原码，准确地掌握原码所表达的信息；转换是运用多种方法，如口译或笔译的形式，或各类符号系统的选择、组合、引申、浓缩等翻译技巧，将原码所表达的信息转换成译码中的等值信息；表达是用一种新的语言系统进行准确的表达。

翻译的形式和内容如此纷繁复杂，从中抽象出一条具有哲学高度的翻译定义也是一项非常艰巨的任务，国内外的众多学者对此做出了许多努力，但仁者见仁，智者见智，也只能从不同的角度对翻译活动做概括和总结。

学者吕俊把翻译定义为“一种跨文化的信息交流与交换的活动，其本质是传播”，他将翻译纳入传播学的研究范畴，将翻译学视为传播学的一个分支，给我们以有益的启迪。

翻译实际上是一种特殊形式的信息传播。整个翻译活动实际上表现为一种社会信息的传播，表现为传播者、传播渠道、接受者之间的一系列互动关系。与普通传播过程不同的是，翻译是在两种文化之间进行的，译者所选择的符号不再是原来的符号系统，而是产生了文化换码，但其原理是与普通传播相同的，这更明确了翻译学是一个开放的动态系统，充分注意了在信息传递过程中有影响作用的其他诸多因素，如传播方式、传播渠道、传播目的、传播的不同对象等，译者可以更广泛地借鉴其他学科的研究成果，并对其他学科的研究起到影响和指导的作用。

翻译的概念是翻译理论的基础与原点。翻译理论的很多流派都对翻译进行过界定。人类的翻译活动已经有两千多年的历史了，人们对翻译概念的认知也在不断地发生改变。

（1）翻译认识的过程：从感悟式到通论式

人们对翻译的认识过程，经历了感悟式、语文学式、文艺式及通论式这样一个过程。

人们对翻译最初的认识是感悟式的，主要是通过隐喻或者比喻的方式来表达。我国有学者提出，翻译主要是由作为行为或过程的翻译本身、作为结果的译文、作为主体的译者构成。从作为行为与过程的翻译本身来说，很多形象说法都对翻译的特点、性质等进行过论述。

语文学式是对翻译的进一步认识，在这一层面上，人们往往通过一些简单的话语表达对翻译的看法，这些看法虽然不能构成系统，但是也存在着一些真理，甚至有些对后世的翻译研究有着深远影响，如严复的“信达雅”，至今仍被视为翻译工作的一大重要标准。

翻译可以被视作一种对问题进行解决的活动，因为我们可以采用目的语中的某个元素或者某几个元素来处理源语中的某一元素。之后，由于翻译活动多为文学作品的翻译，人们对于翻译概念的探究主要是从文学层面展开的，因此翻译是文艺式的研究。这类研究强调文学作品的审美特征，并将文学翻译的本质特征揭示出来。

进入 20 世纪中期，人们认识到不论是文学翻译还是非文学翻译，语言的转换是必须的，因此就语言学角度对翻译进行界定是最具有概括力的，能够将不同的翻译类型揭示出来，也开启了现代意义上的翻译研究。将传统对翻译的界定转向翻译的通论研究，将传统对文学翻译的研究转入翻译专论研究，就是通论式阶段。从整体上说，通论式翻译研究对于翻译的普适性是非常注重的，因此其概念也更为大众化。

（2）翻译的任务：源语文本的再现

在翻译的定义中经常会出现“意义”一词，其主要包含翻译的客体，即“翻译是什么？”应该说，“意义”相比费奥多罗夫的“所表达出的东西”，更具有术语性，用其解答“什么是翻译”的问题是翻译学界的一大进步。但是也不得不说，有时候运用“意义”对翻译进行界定会引起某些偏差，因为很多人在理解意义时往往会受到结构主义语言学的影响，认为语言有着固定的、明确的意义。但就实际程度来说，语言的意义非常复杂。

著名语言学家利奇（Leech）使用“sense”来表达狭义层面的意义，而对于包含七大意义在内的广义层面的意义，利奇将这些意义称为“交际价值”，其对于人们的认知翻译十分重要。换句话说，原语文本中的这种广义层面的意义实际上指代的都是不同的价值，将这些价值结合起来就是所谓的总体价值。

鉴于翻译的复杂性，我们只能简单地把翻译的定义概括为：翻译是把一种语言所表达的思想内容用另一种语言准确而又完整地表达出来的语言活动，它是一门技术，也是一门艺术。

（二）翻译的特点

随着国与国交往的日益频繁，翻译在国际交往中扮演着非常重要的角色。而在跨文化交际的过程中，翻译也呈现了自身的特点，具体表现在社会性、文化性、创造性与符号转换性上。

二、翻译标准

翻译是语际交流过程中沟通不同语言的桥梁。英汉翻译就是把英语文章的信息，即思想内容和表现手法，用汉语忠实地表达出来，使汉语读者能得到和英语读者大致相同的感受。这种感受是衡量译文质量优劣的尺度，即翻译的标准。判断一篇译文到底译得好与坏，我们得用具体的翻译标准进行把关。

翻译的标准有很多，可以说是百家争鸣。其中 19 世纪末我国著名翻译家严复提出的翻译标准“信、达、雅”影响极大。“信、达、雅”包含了三层意思：一是译文必须忠实于原文的意义；二是译文的文字必须通达，不能拗口，否则，译了等于没译；三是译文要雅，否则很少有人会看。严复的“三字经”至今被奉为翻译界的圭臬。其后，鲁迅的“凡是翻译，必须兼顾两方面，一当然是其易解，一则保存着原作的丰姿”[①]，傅雷的“神似”，钱钟书的“化境”都是翻译界掷地有声的见解。同样，西方对翻译标准的探索也结出了累累硕果，其中近代英国翻译理论家亚历山大·弗雷泽·泰特勒于 1790 年提出了著名的翻译三原则：第一，译文应完全复写出原作的思想；第二，译文的风格和笔调应与原文的性质相同；第三，译文应和原文同样流畅。而西方当代的翻译活动和理论研究更是有了空前的发展出现了如奈达、卡特福德、纽马克、威尔斯等是闻名世界的翻译理论家，其中奈达的“动态对等理论”开创了翻译研究的新视角，曾在 20 世纪 80 年代统领中国翻译研究局面。

对于翻译初学者，我国著名翻译家张培基提出了“忠实”和“通顺”的标准。纵观古今中外的翻译标准，无不强调译文要忠实于原文，又强调译文必须通顺。

① 程帆.我听鲁迅讲文学 [M]. 北京：中国致公出版社，2002：234.

所以“忠实”和“通顺”是衡量一篇译文必不可少的基本标准，也是翻译过程中必须遵循的基本要求。

（一）忠实

首先，我们来看一下何谓忠实？“忠实”是指完整而准确地表达原作的内容和保持原作的风格。译者不得任意歪曲、增删、遗漏、篡改或阉割原文的内容、思想、感情、风格等。具体来说包括以下 3 个主要方面。

（1）要忠实原文的内容，也就是忠实原文的意义

原文的内容主要包括作品中所描述的事实、说明的事理、描写的人物景物、作者的立场观点和感情等。英语和汉语在意义和形式上有时一致，有时不一致。当两者都一致时，译者比较容易做到兼顾内容和形式，从而做到“忠实”，例如：

A lot of countries are faced with the problems of unemployment and environmental pollution.

译文：许多国家都面临着失业和环境污染的问题。

This war is becoming the most important story of this generation.

译文：这场战争行将成为这一代人的最重大的事件。

Modesty helps one go forward, whereas conceit makes one lag behind.

译文：虚心使人进步，骄傲使人落后。

当两种语言的内容和形式不一致时，译文应忠实于原文的内容，而不必拘泥于原文的形式，若是一味地拘泥于形式，往往会出现“死译”“硬译”等毛病，特别是遇到不熟悉的习语或固定短语句式时，更应注意。以下的例句就能说明这个问题。

This opportunity is once in a blue moon.

译文：这次机会千载难逢。

John can be relied on, he eats no fish and plays the game.

译文：约翰为人可靠，他既诚实又正直。

Now you are talking.

译文：你到底说了合我意的话了。

说明：口语化的表达方式，意思是“You are saying something agreeable at last.”

He had words with her.

译文：他和她吵架了。

说明：have a word with sb. 与某人谈话，而 have words with sb. 与某人吵架。此句不能译成“他和她谈过话了”。

We shall not want for food.

译文：我们不会缺乏食品。

说明：want（vt.），想要，想得到；want for 缺乏。此句不能译成“我们不想要什么食品”。

（2）要忠实于原文的风格

所谓保持风格，应包括下列两个方面。①保持原作的民族风格，也就是说翻译时要注意原文中所体现的民族风格。②保持原作的时代风格，就是要考虑原文的时代，用不同的表达形式去译不同时代的文章，不能盲目地只用现代风格去处理所有的文章。就目前翻译任务而言，绝大部分都是现代语言，我们要用现代语言去译。但是万一遇上其他时代的语言那就应该另当别论、入乡随俗了。

（3）要忠实于原作的语体风格

不同体裁的文章，它的表现风格是不同的。译者要根据不同的文体，采用不同的语体风格来译，使之与原作语体风格保持一致。比如译专业性文件，要用它的行话术语，译诗歌得用诗歌语言，译其他某种体裁的文章，要在其文体总特点限定范围内进行具体的翻译等。例如：

It’s time for lunch. Which restaurant would you like to go to？ Up to you.

译文：到吃午饭的时间了，想去哪家餐馆呢？你说了算。

The World Expo is a great event for different governments to present and exchange social, economic, cultural and scientific achievements, and it also helps to enhance new technology and concepts. It is both a test of the national economic power and a booster to the country’s economy.

译文：世博会是各国政府展示和交流社会、经济、文化和科技成果的盛会，它有助于加强对新技术、新概念的推广。它既检验国家经济实力，也加速国家经济的发展。

例子 1 是口语体，翻译时也要使用口语。例子 2 是公文体，所以选用正式的语言来翻译。

（二）通顺

译文不仅要忠实，而且要通顺，所谓“通顺”，指的是译文必须通俗易懂，符合该民族的现代语言习惯，不应有逐词死译、生搬硬套、文理不通的现象。这就要求译者充分理解原文，不要望文生义，还要求译者对语言有着较高的驾驭能力，尽量避免“翻译腔”、文理不通、结构混乱、逻辑不清的现象。下面以例子进行细说。

① This book is the beginning of his fame.

译文一：这本书是他名声的开始。（误译）

译文二：这本书是他的成名之作。（正译）

分析：译文一是典型的“翻译腔”，完全拘泥于英语的语法结构，译文二才是符合汉语表达习惯的译文。

② To appease their thirsts, its readers drank deeper than before until they were seized with a kind of delirium.

译文一：为了解渴，读者比以前越饮越深，直到陷入了昏迷状态。（误译）

译文二：读者为了满足自己的渴望，越读越想读，直到进入了如痴如醉的状态。（正译）

分析：译文二虽然没有按照原文的形式和表面意思翻译，但抓住了原文的精神实质，既准确又流畅。相反，译文一照搬字面意义，反而让人不能明白作者要说什么。

③ Lincoln was a good speaker and student of political philosophy.

译文一：林肯是一个杰出的演说家，又是一个政治哲学系的学生。（误译）

译文二：林肯擅长演说，又刻苦学习政治哲学。（正译）

④ It will strengthen you to know that your distinguished achievement is so widely respected and appreciated.

译文一：这会使你坚定地认识到你的杰出成就是如此广泛地受到尊敬和赞赏。（误译）

译文二：当你知道你的杰出成就是如此受到尊敬和赞赏时，你就会力量倍增。（正译）

⑤ The alloys are quite late arrivals for engineers to use.

译文一：该合金是供工程师们使用的很晚到达的东西。（误译）

译文二：该合金是工程师们使用的新型工程材料。（正译）

忠实与通顺的关系：忠实是通顺的基础，通顺是忠实的保证。不忠实于原文而片面追求译文的通顺，则译文会失去自身的价值，成为无源之水、无本之木，这就不能算是译文了。此外，不通顺的译文，会使读者感到别扭，也必然影响对原文的准确表达，因而也就谈不上忠实了。可见，忠实与通顺是对立统一的，两者的关系反映了内容与形式的一致性。

三、翻译的过程

翻译是一个动态的过程，它不是一种静态的产品，它是指从最初的原文到最后译文的产出全过程。因此，上面所提的翻译标准不仅是最终评价一篇译文的标尺，译者更应该在翻译的整个过程中加以贯彻实施，只有这样才能保证译文的质量。翻译的过程一般分为四个阶段：理解、转换、表达和校核，也就是说译者应先理解原文，然后在相应的翻译单位，如词、词组或分句上进行语义甚至审美层次的转换并将其表达出来，最后经过冷却反复斟酌后得出最终译文。当然这样划分是为了分析的顺利完成，并不等于说以上四个阶段在时间上有明显的先后或顺承关系，比如前三个阶段有时可能重叠并行进行。下面来看一下第一个阶段。

（一）理解

很明显理解是翻译的基础和前提，译者不理解或误解都会产生错误的译文。而正确的理解则要求译者既要有扎实的语言文字基本功，又要了解原语的历史文化，例如：

① A shy, retiring man known to his own Columbia University students as a dull lecturer, he had the brilliance of mind that made him the teacher of his time, respected by presidents and philosophers.

译文一：这个害羞的退休老师，在他教过的哥伦比亚大学学生的眼里，是个

乏味的老师，然而他聪慧过人，这使他成为当时最杰出的教师，深受各大学校长和哲学家的尊敬。（误译）

译文二：他性情羞涩、沉默寡言。在哥伦比亚大学学生的眼里，他是个乏味的老师，然而他聪慧过人，这使他成为当时最杰出的教师，深受各大学校长和哲学家的尊敬。（正译）

分析：翻译要根据上下文来进行，如果忽略语境，孤立地理解“retiring”的含义，就会造成误译，“retiring”修饰人时不再表示“退休的”，而是指“性情孤独、沉默寡言的”。

② The story is a yawn.

译文一：这故事是一个呵欠。（误译）

译文二：这故事乏味得很。（正译）

分析：译文一过于强调词的完全对等，造成了死译；译文二摆脱原文形式的束缚，译出字面下的深层含义，忠实顺畅地翻译出了原句。

③ Because thanks to these schools our early mechanics, especially in the New England and Middle Atlantic states, were generally literate and at home in arithmetic and in some aspects of geometry and trigonometry.

译文一：因为由于这些学校，我们早先的技工，尤其是在新英格兰和大西洋沿海中部州的技工，一般都懂文学，在家里又搞算术和一些几何、三角等。（误译）

译文二：正是有了这些学校，我们早先的技工，尤其是在新英格兰和大西洋沿海中部几个州的技工，一般都会读写，懂得算术和一些几何、三角知识。（正译）

分析：译文一按原文的字面意思翻译，虽然形式上对等，但内容却失之千里，没能正确表达出原文的意思。

（二）转换、表达

理解的重要性对于译者来说怎么强调也不为过，但是正确地理解原文只是翻译过程的开始，这并不能确保最终译文的成功。因为理想的译文还要求译者能采用恰当的翻译策略，并凭借良好的文字功底把译文流畅地转换表达出来，而翻译文学作品更需要译者有较高的文学素养，以传达出原文的美。下面我们来看一下在转换、表达中采用的两大主要翻译方法。

1. 直译

所谓直译就是在传达原文意思的时候使译文的表达形式和句法结构尽量同原文一致。能完全对等就完全对等，不能对等也要大致对等。英汉语言中有许多对应的词语，如：

to keep the room clean and tidy 保持屋子干净、整洁

to enrich cultural life 丰富文化生活

to add fuel to the fire 火上浇油

a night owl 夜猫子

在翻译句子时，如果能在译入语中找到结构语义相似的句子，就要采用直译法，如“Blood is thicker than water.”（血浓于水。）

再看下面这个句子的翻译。

Among so many well-dressed and cultured people, the country girl felt like a fish out of water.

译文：同这么多穿着体面而又有教养的人在一起，这位乡下姑娘颇有如鱼离水之感。

分析：以上译文保留了原文生动的比喻，且能传达出原文的意思。

2. 意译

所谓意译，也叫自由翻译，是指通过对原文深层意蕴的理解和消化，将原文的表层结构打破和重组，而后转化为译文自然流畅的表层结构。但是，意译并不代表译者可以随意地添加删减或者是改写原作中的内容。“化境”的倡导者钱钟书说：“文学翻译的最高标准是‘化’，把作品从一国文字转变成另一国文字，既不能因语文习惯的差异而露出生硬牵强的痕迹，又能完全保存原有的风味，那就算化境。”[①] 译者不论有多大自由，他的目标依然是源语取向，让两个文本在内容上得到完美的统一是翻译的基本原则，也是翻译的理想境界，例如：

（1）A：You alone here？ B：I'm saving myself for you.

译文：A：你一个人？ B：我在等你呀。

分析：由于两种语言的差异，译入语的文字和原文就可能会有一定的距离。译者必须透过表层文字的迷雾，看清弄透原文的含义，且用译入语准确地描绘出来。

① 李国庆．大学英语通用翻译教程 [M]. 北京：对外经济贸易大学出版社，2014：227.

（2）She had such a kindly, smiling, tender, gentle, generous heart of her own.

译文：她心地善良，性格温柔可人，器量又大，为人又乐观。

分析：英语可用多个形容词修饰同一名词，而译文可以打破原文的结构，按照汉语习惯，将有关词语分别译出，做到忠实通顺。

（3）“It’s an order from President Bush.” “I don’t care if it is from bush, tree or grass.”

译文：“这是布什总统的命令。”“管他什么布什、布头，还是布片呢，与我无关。”

分析：如果原文第二部分的“bush, tree, or grass”按字面直译成“灌木丛、树，还是草”，那么不仅会使原文双关（bush：布什；灌木丛）的修辞效果得不到传达，而且还会破坏原文前后之间的连贯，从而导致解码困难。

（三）翻译实践

在翻译实践中，译者在翻译一个复杂句、一个段落或是整篇文章的时候，用直译法还是意译法，应该取决于实际需要。许多情况下，译者应该合理地把直译与意译结合起来，也就是直译、意译融合法。例如：

① I guessed vaguely from my mother’s signs and from the hurrying to and fro in the house that something unusual was to happen.

译文：从家人来回匆忙地走动及母亲的手势，我隐约猜到将有什么不寻常的事发生。

分析：译文在尽量保留原文形式的同时，词序上做了相应的调整，比较符合汉语的习惯。

② He is dark and slim, and he's got fair hair and blue eyes.

译文：他长得黑黝黝的，身材偏瘦而匀称，而且头发颜色浅浅的，眼睛碧蓝。

分析：译文对原文的修饰语进行了适当的补充，更符合汉语的表达习惯。

③ This is literally a life or death matter. The lives of thousands of innocent people must be protected.

译文：这确实是个生死攸关的问题，成千上万的无辜生命必须得到保护。

分析：把“a life or death matter”译成“生死攸关的问题”，意思明确，一目了然，汉语较少使用被动语态，译文能较好地处理这个问题，可算既忠实又通顺。

第四节　翻译的基本策略

说到底，翻译的基本策略（或对策）是语际的意义解释，就是用译语解释原语的意义及由意义伴随的情感，也可以说是用译语来为原语达意传情，这叫对策论。用什么具体方法去达意传情呢？这样就引出了一个直译、意译和音译的问题，这叫方法论。

一、具有可读性与可译性

翻译中的可读性指译文是否通顺可读；可译性指原文是否对应可译。可读性与可译性是两个不同却又相互关联的课题，都与翻译的原则有关，也都是语言之间互补性和互释性的表现。

译文的可读性是衡量译文语言质量的标准之一。但是，我们应当注意到：译文是否通顺可读，固然与译者行文有关，还应与原文的基本风貌相适应。这里有三种情况：第一，原文流畅、精美，实属上乘者，我们应在通顺外，要求文采；第二，原文文字一般，难度与可读性都属于中间状态，我们的译文则应保证较好的可读性；第三，原文文字艰涩、拖沓或跳脱，实属下乘者，我们应当使译文做到充分达意，但不应偏离原义和原文基本格调，给以粉饰乔装，使读者产生错觉。我们要求译文与原文在可读性上相当或相近，但翻译可读性很差的原文则不能“因陋就陋”，使译文不知所云。翻译的基本任务是通过双语转换进行思想传递，不能表达原文概念和思想的译文，是毫无意义的。因此，可读性是对一切笔译作品的普遍要求和基本要求。文学原著中有时可因描写人物性格的需要有意安排拗句、病句、表现出不合语法现象，这时译者可以根据原著气氛和色调的需要，做适当的变通。我们还应当看到译文的可读性常常具有明显的时代特征和地域性。语言是发展的，文风也常常带有时代特点，可形成风尚。时运迁移，被某一时代的人公认的翻译佳作很可能在若干年之后给后代人带来语言上的陈旧感，就只能重译。《圣经》的翻译史就说明了这一点。

总之，在翻译中掌握可读性及在评价译作中运用可读性标准，都应该力求辩证，区别对待，要对具体原文和译作进行具体分析，不应不加分析，做千篇一律的要求。

在一般情况下，有较好的可读性的译文应表现为：

第一，词语含义清楚，概念明确；用词符合汉语语法规范，符合汉语用词习惯，搭配得当；能正确运用虚词，恰当使用成语。

第二，句子结构正确，安排得当。句子长度适中，长短相间，语序自然；句子衔接妥帖，能正确运用连词；句式符合达意要求和语气要求；能正确运用省略、倒装等句法手段。

第三，译文能基本上恪守原文的叙事、论理逻辑及章法并能根据现代汉语的叙事、论理习惯做适当调整，例如：化除英语中常用的层层包孕、节节环扣的表述方法，做到不拖泥带水、条理清晰，不语无伦次、主次分明。译文一般不打乱原作的段落布局。

第四，译文能基本上传达原文的文体风貌和作家个人的风格，做到“文随体异”；能注意到原文中的各种修辞格并能适当将其体现，或转化到译文中而不使行文产生突兀感、生涩感和阻滞感。

第五，译文能适应读者对象的地域性，能根据某一地域读者群的语言习惯调整译文的遣词造句。恒定不变的可读性是没有的。

由此可见，译文的可读性不仅涉及译者的母语素养和表达技能问题，而且在更基本的层面，这是对原文全面、深刻理解的问题。必须注意，翻译上的可读性绝不仅仅指译文语言表面上的流利程度，而是在更基本的层面，指译文与原文在深层意念上的契合对应。那种把译文表面上的通顺、流利视为可读性的唯一标准而不顾原文深层状况的观点是错误的。这一点，我们在翻译实践和翻译批评中都应当准确掌握。

事实证明，翻译上的可读性与译者对语句深层意念的把握往往并行不悖，而且通常呈正相关；某一层次的翻译必有与这一层次相适应的可读性，表层翻译的可读性通常是很差的，深层翻译的可读性则常常是最理想的。

可译性与可读性一样，也必须以对原文的深透理解为基础，探讨表达问题。但是可译性关注的中心是双语表达中的同一性，即两种语言是否可以互译及互译的种种途径；围绕可译性问题还应探讨如何在确保意义转换的前提下发挥译文的优势，尽力约束语言可译性的限度。

语言之间广泛存在互补性和互释性，因而也就有了可译性。人类在表达概念和思维时也存在广泛的逻辑同一性，例如，同义反义概念，“大”的反义词是“小”，“热”的反义词是“冷”；又如主动被动概念及其互换模式也大体一致。这是因为，人类思维是客观世界的反映。不同语言中的概念之间存在相关的等值成分或相关的语境特征。此外，人类思维的逻辑形式也存在广泛的同一性，并不因语言不同而逻辑各异。总之，人类思维在概念内涵、情景、逻辑三个范畴中存在同一性，因此当将概念组织起来表达一个完整的思想即句子时，不同的语言也往往具有大体同一的模式。例如“敌人”与“歼灭”两个概念在同一情景与逻辑范畴中，英语和汉语都表现为相同的句子形式，即被动式：“The enemy were wiped out.”（敌人被歼灭了。）不可能是主动式。

但是语言是一种十分复杂的思维交际手段，它的复杂性首先表现为每种语言都有自己不同的民族历史、民族文化和民族心理的背景，因此它们之间的互补性与互释性只可能是相对的。特定语言的特定结构形式及这一语言的特定社会和历史背景往往导致使用这种语言的人形成某种特定的思维方式（定势），即语言中的表达法。例如，汉语句子常常不用主语，而用一个话题做主语（例如“去不去由你”中，“你”不是主语，“去不去”才是一个话题主语，“由你”是个动宾结构）。英语使用“be”的屈折式形态变化来表达“非真实状况”：it were、you be、he be 等，以暗含说话者的语气（愿望、臆测、疑虑、庄重感等），而在汉语中则没有这类屈折式形态变化，汉语表示情态的主要手段是词汇，这叫作“功能代偿”，指由词语代行屈折形态的功能。

语言结构、语言背景、思维方式、表达法的差异是产生语言互补性和互释性的相对性，并从此派生出可译性障碍的基本原因。因此，翻译中的可译性只能是相对的，绝对的可译性是不存在的。同理，翻译中的“忠”与“信”，也只能是相对的，绝对忠实于原文的译文也是不存在的。

在英汉翻译中，英语可译性的限度主要表现在如下 4 个方面。

（1）修辞性词语选择

广义而言，词语的修辞性选择不仅包括比拟、夸张、双关、幽默与韵律等修辞方式，而且包括使用形象性词语、成语、谚语、典故、俚俗语、生造词语与作家个人用语等。修辞性用词往往可能给译者带来翻译上的障碍。以形象性词语为例，很多形象比喻词是可译的。因为，在人类思维中，以人所共知的形象比喻描述某一事物是具有相当广泛的共性的，如 almond eve 杏眼、moon face 圆脸、a work full of sound and color 有声有色的作品、heartless and brainless 既无头脑又没心肝等。但是形象比喻的可译性受很多因素的制约，其中最重要、最基本的因素是约定俗成，而约定俗成又离不开语言的历史渊源、历史发展、文化背景、民族心理、语言传统及民族习俗等因素。有时约定俗成与名家或典籍的影响也很有关系。以下形象词语、成语、谚语、典故词是“不可译”的，汉语的翻译都只能是概念阐释或暗含义的阐明：keeping up with the Joneses 爱慕虚荣、the radio activity of gifted teaching 出色的教学所产生的广泛影响（radio-activity 是形象比喻词）、these Caliban-likc locomotives 那些庞大难看的机车（Caliban 出自莎士比亚的 *The Tempest*，Caliban 是 Prospero 的奴隶，粗笨丑陋）、That must be his swan song. 那想必是他的辞世之作了。（或最后一次露面了，根据西方古代寓言，天鹅临死时发出美妙的歌声）。遇到这种带有典故或强烈异域文化与历史色调的形象性词语，我们只能采取意译法，淡化其文化意义。

语言中的幽默语与双关语几乎是“不可译”的。幽默常常产生于用词的机巧或奇巧，这类用词和立意往往在双语转换中消失。例如，现代英语中动词“process”用得很广，几乎可以用以指任何一种重复性动作或任何一种引起变化的动作（如“加工”）。美国一家杂志在一篇有关中东某君主国的报道中用这个词说了一句很幽默的话，说该国君主在其统治期间“process so many women”（意思是糟蹋了数以千计的妇女），将“process”译成汉语以后，原文那种讥讽的幽默感就完全消失了。词语的韵律安排往往也可以产生明显的幽默效果。马克·吐温的名句：“It was a splendid population——for all the slow、sleepy、sluggish-brained sloths stayed at home 中作者一连用了五个音韵词与前面的“splendid”呼应，词义色彩则正好相反，造成了强烈的诙谐和幽默效果。谐音押韵（首韵、尾韵和节奏）的修辞效果一般都是“不可译”的，因为翻译时不能不基于词义而使韵律与谐调散文化。如“make-or-break marriage challenge”是一个谐音的谐谑语，汉译时如果找不到语义上契合的汉语俏皮话，就只好将它散文化为“婚姻中关系成败的问题”。一切凭借语言的形与音安排的修辞手法都具有很大的可译性限度。双关语的可译性限度也很大，很多双关语实际上是“不可译”的。例如，一个警官对他追捕到的作案者说 You reckon your Dodge would help you up to all these dodges again?”句中“Dodge”是美国道奇牌汽车，恰与这个词的小写（意思是“逃跑”）语义双关。但是我们只能翻译成“你以为坐上你的道奇车就可以再次逃之夭夭？”翻译中最难判断词义的词语是作者个人有意安排的变义或转义词，这类词语中有些恐怕只有作者本人或极少数与作者“心照不宣”的人才能了解其真正的含义。这类词语也是“不可译”的。这里往往涉及作家的个人语域问题，即所谓个人习语、个人语汇。作者使用这类哑谜式词语通常出于修辞目的，有人则是故意制造语义晦涩或语义含混，有意使用带有特殊的个人色彩的词语，这不免给翻译留下了“不解之谜”。这类词语尤其多见于所谓“意识流”作品中。

（2）语义色彩词

语义色彩并不是英语所特有的现象，任何语言中的词在一定的语境中都可能具有某种特殊的语义色彩。另外，语言中有些词本身就含有某种特殊的色彩。理想的情况是：在双语转换中，一种语言中的词与另一种语言中的对应词恰恰具有对应的语义色彩，如英语中的“huge”与汉语中的“庞大”都具有大而不当的轻微贬义，“pretty”与“秀丽”都具有悦目的褒义。应该说，英汉两种语言中这种语义色彩契合对应的词语是很多的，这是我们得以直译的基础重要条件之一。但是我们还应看到，语言中语义色彩不对应的情况也是很普遍的。以动词为例，英语中有两类带有强烈语义色彩的动词，在汉语中往往无对应色彩的动词。，

①描摹动作情状的动词。

汉语的倾向是，在一个动作带有某种情状色彩时，就在这个表示动作基本概念的词前加上描摹性副词。例如“走”，表示一个基本动作概念，“怎么走”就是以“怎么”作为词汇手段加以描摹，如“悠然自得地走”。为表达这一概念，汉语中固然有“漫步”“闲逛”这些合成词，但这些词却另有色彩，通常表示一种徐缓的速度及漫无目的地走。而“悠然自得”却不一定是“徐缓的”“无目的”。英语则不同，除了“walk”以外，还有很多描摹“走”的情状的词，如 saunter 悠然自得地走、amble 从容不迫地走、stride 大踏步地走、trudge 步履艰难地走、trapes 懒散疲乏地走、trek 寸步难行地走、shamble 蹒跚地走、prance 昂首阔步地

走、scamper 蹦蹦跳跳地走、clump 拖着沉重的脚步走、tiptoe 踮着脚尖走等。这里，汉英之间的差异很清楚：英语词寓情状于本身，汉语词寄情状于搭配，也可以说英语词寓色彩于义，汉语词赋色彩于形。英语词的色彩大都存在于词义之中，但在英译汉中有时就很难找到一个恰如其分的对应词，使色彩见之于形。

当然，我们不是说这类英汉词既然有差异就一定存在“不可译性”。事实上，许多这类词是可以借助增词法将语义色彩或多或少地译出来的，但是这中间大抵都存在不同程度的色彩意义丧失，特别是当我们必须照顾到上下文的可读性（包括文体要求）时，译者面对有限的选择余地所感受到的措辞之苦就尤为突出。

英语这类动词中有些语义色彩很难见诸汉语措辞。例如，动词词语“to sink into one’s chair”，其中动词的色彩是鲜明的，它往往表达人在颓丧失望、难以自持时坐下的情状，汉语中只有“一屁股坐下来”与之比较接近，但汉语这个词组很可能主要用来描摹一个人大摇大摆的气势与体态，与英语色彩不切合，而且这个汉语措辞用在庄严体记叙中也是不妥当的。英语中这类情况很多，如“His wife shot him a swift, warning glance.”，“shot”是一个分量很重的词，汉译“朝他很快地、警告似地瞥了一眼”，或译为“对他投以狠狠的一瞥”，都不足以表达英语“shot”的适当分量，它本身含有（动作或眼光）“迅速”“犀利”“锐不可当”“凶狠逼人”等色彩。

②描摹动作声色的动词。

汉语也是富于声色词的，但汉语的声色词多取直接拟声式，如“哗啦”“咔嚓”“吧嗒”等。因此，汉语的拟声词不能直接用作动词，只能用作副词或辅助词，如“咔嚓一声响”中的“响”是动词，“哈哈大笑”中的“笑”是动词。英语声色词大抵本身就是表意动词，因此它们的功能与使用范畴都比汉语声色词更胜一筹。英语声色词的语义色彩往往很难用汉语表达。例如在“The TV set blinks on with the day's first newscast”中“blinks on”就是声色词，它含有轻快、自动、麻利等语义色彩。同样，在“The train slipped to a stop”中“slipped”也是声色词，含有类似的语义色彩。这类描摹现代机械等的拟声词有很多，如“The TV camera zoomed from Howard to his wife.”一句中，“zoomed”就是描摹电影摄影机“磁磁”声的拟声词，翻译时我们往往只能加上直接拟声的汉语词，以免完全失去词语绘声绘色的效果。但在更多的情况下，我们只能抓住这个词的基本概念，而牺牲其色彩。因为汉语中直接拟声词很有限，而且很可能不符合特定的文体要求。

这里顺便提一下英语中表示颜色的词的语义色彩，包括以实物形象表示色彩的词。这类词之所以难译是因为它们除了表示颜色以外，通常还具有传统意义上的感情色彩，常常使我们在理解中产生隔阂，因而在翻译中穷于表达。例如，“blue”这个词的语义色彩有时就很难翻译，它常常表示“忧郁”，但在“blue chip”（牌赌中的高价筹码）中却具有褒义，“blue-chip teamsters”大意是“难得的好把式（司机）”，这个词的色彩变化涉及文化背景。此外，色彩在语言中具有种种象征性语义，它们的可译性往往取决于特定的语言环境和使用者的心理状态。比如，“black”在英语中象征哀丧，常有不祥之意。“black as our lot”的意思是乖戾、险恶（命途乖舛），在“The monks looked black”中的意思是阴森可怕、阴沉险恶；“green”象征青春，因此也有不成熟的意思，如 a green thought（一个不成熟的想法），但“a green fire”就很难译了，它很可能是比喻用法，可译为“新春之火”，也可能是“方兴未艾的莽原之火”等。诗歌中的颜色词语义色彩更浓，可译性的限度更大，如果说“golden snow”还可被理解为“晶莹闪亮的白雪”的话，那么“the red laugh of war”中的“red”就不知诗人表达的是褒义还是贬义了。“red”在英语中有时象征危险和紧急，与汉语中红色的语义色彩并不一致。

（3）语气与情态

众所周知，情态难译的原因是情态见之于形又不完全见之于形，英汉皆然，问题在于英汉表达情态的手段并不完全一致，有时很不一致。因此，总的说来，英语情态的可译性固然毋庸置疑，但可译性限度很大。特别是在必须保证最佳可读性的情况下，译者除了采取增补、铺叙或彻底摆脱原句结构形式等办法加以阐明之外，为避弄巧成拙之嫌，就只好“姑隐其情”了。

英语中表示情态最重要的手段当然是情态动词。总的说来，以情态动词表达的英语语句情态是可译的，问题常出在很多精微差异上。英译汉中经常使用“应当”或“应该”表达在很多不同情况下使用的 should、ought to、must 等，实际上这些词之间及同一词的不同用法之间是存在着不可忽视的语义差异的，只是因为受到可译性限度的限制，无法见之于汉语译文中，结果都成了“应当”或“应该”，在虚拟语气中都成了“本来应该”。试比较“should”与“ought to”：

① You should not have been at odds about such a trifle.

② You ought not to have been at odds about such a trifle.

以上两句英语如果译成汉语，字面上是完全一样的：“你们本来就不应该为这么一件小事而闹不和”，但是实际上②句的语气要比①句强得多。如果说①句的语气是劝告的话，②句已接近于责怪了。因为说②句的人是本着强烈的义务观念：“ought”原为动词“owe”（欠债）的过去时，主要表示伦理、道德义务；“should”表示一般的劝告，强调“appropriateness”（适宜性），以英语为母语的人，表达这个语感是很清楚、很强烈的，但在翻译中又不宜作铺叙表达，以免造成“过犹不及”。这类实例在翻译实践中屡见不鲜。又如句型“It is...that”从句中，“should”的情态常常是十分微妙因而很难见诸文字的，如：

① It is natural that there should be a new start for a new leader. 新人上任有新气象是理所当然的。

② It is impossible that you should need any assistancc. 你不至于需要什么支援吧。

③ It is a pity that nobody should be on the listen. 居然没有一个人倾听这个意见，真是遗憾。

以上例句中的“should”都不是可有可无的词，它表达的情态常常与“that”前面的形容词或名词相辅相成，其含义似乎常常是“naturalness”“appropriateness”与“unexpectedness”兼而有之，这种情态动词的可译性限度是显而易见的。但在英语中，它却是一个不可或缺或不可随意替代的词，在口语语流中，它甚至不能取弱化或紧缩式。

除了情态动词以外，广义的情态还包括许多表达说话者的语气手段，但这些手段都具有不同程度的可译性限度。例如，英语中以倒装或重叠用词表示加强语气的强调式（前者如“No one will be vexed or uneasy，linger I ever so late”，后者如“The man was free，as free as free.”）都属于语言结构上的异体，或被称为“文体手段”，可译性限度通常是很显然的。英语中还有一种借助“none the 加形容词比较级”表示“轻度嘲讽”的表达法，其中的情态也是很难翻译的，如：“Two years at Harvard he was none the wiser.”（他念了两年哈佛大学也并没有变得更聪明些。），“He put me down but I think none the worse of him.”（他拆了我的台，但我并没有因此把他看瘪了。）。

（4）层次与重心

句子的层次与重心并不是一回事，句子层次清晰并不一定就重心突出。一般说来，所谓句子重心，即作者关注的中心，在汉语中是句子主语或复句的主句（或主干）部分，因此句子的重心与句子的层次之间并不存在什么机械的配列关系。在英语中，句子的第一层并不一定就是整个句子的重心，它的重心可能落在句尾，也就是最后一层。如果句子层次与重心不存在这种错综复杂的关系，就会导致天下文章千篇一律。

但是就翻译而言，特别是当我们以严谨的直译要求作为标准，来探讨原文层次和重心的配列是否可以丝丝入扣地转换在译文中时，我们就会遇到可译性限度的问题。综上，我们可将要点概述如下。

第一，可读性应以理解为依据，其中包括原文文体特征和作家个人的行文风貌，我们不应表面地、脱离原文实际地评价某一译作的可读性。只有被译者透彻地、力求面面俱到地理解了的东西才能谈得上忠实地加以表达，这时的可读性才是有意义的可读性，忠实于原著前提下的通顺加上适当的文采才是我们的奋斗目标。

第二，可译性应以可读性为衡量标准，不顾可读性而“译出来”的东西是没有什么社会价值的，充其量只能是译者对原作的个人理解的记录。因此，一味强调理解不顾表达、一味强调直译忽视意译、一味表明可译而不顾可读的观点都是十分片面的。承认原文可译性的限度，既不表明译者个人能力的差距，也不表明翻译研究只能到此却步，恰恰相反，它给译者和翻译研究提出了更进一步的课题。

第三，翻译中为提高译文质量而付出的努力应是永无止境的。因为，由于两种语言具有差异性，原文的可译性限度是绝对的，可译性总是相对的。翻译者纵有百般技艺，也不能达到与原文的“绝对忠实”，除非译文变成了原文，译者变成了作者。在英译汉中，目前解决可译性限度这个矛盾的办法是探求双语在深层意念上的对等，摆脱语言表层的约束，采取解释、铺叙、阐明及散文化等手段，基本转换形式是增词、语义融合及平行对应。其结果在某种程度上损失原文的形象性及感染力，损失原文的某种情态、色彩或修辞效果。就实质而言，翻译的一切手段和转换形式都不过是权宜之计。译者的笔下功夫，在于如何尽最大努力权衡运用权宜之计的得失。就这个意义上说，翻译的艺术也就是权衡的艺术。

二、重视形合与意合

形合和意合在英语和汉语中是重要的篇章组织手段，也是两种语言之间的一个主要区别。一般而言，英语注重形合，汉语注重意合，所以在英语翻译时要注意选取合适的策略，做好两种语言结构间的切换。

（一）形合

形合是指在语言中，词语和句子之间是依靠一些语言形式手段连接起来的，如连接词、关系词等。这样的结构表达侧重于词语之间、句子之间的逻辑关系，从而体现整个篇章的逻辑性。

形合的语言一般有严谨的结构，从一句话来看，其句子的成分比较齐全，而且分工明确。具体到词汇层面上，一个词语的变化也可能导致句子意思的改变，比如，词语的单复数、时态变化、语态变化、情态变化等，都可能使句子的结构和意义发生改变。句子可以由一些成分或者关联词清晰地表达出来，句子的意思也可以由严谨的语法分析等方式得以明确。

英语句子的构成常常使用形合的手段，通过关系代词或关系副词将各个成分有机联合，形成一个意义和形式整体吻合的篇章成分。例如：

A market analyst is a person with specialist knowledge of a specific market who often predicts what will happen and tries to explain what has happened.

译文：市场分析员是拥有某类特定的市场专业知识，往往能预测市场并试图对市场现象作出解释的人。

原文用了一些起到连接作用的成分，如 with、of、who、what、and 等，还有表示时态变化的词，比如 predicts、tries、has happened、will happen 等。而汉语则不需要很多的连接成分或者词语来表示逻辑和句法关系，就可以准确地表达特定意义。

（二）意合

意合是指篇章的组成部分之间不用表达逻辑关系的连接手段，主要体现整个篇章在意义上的连贯。与英语的句法特征恰恰相反，汉语中的一个句子可由几个短句或者成分、表达构成，其间也不一定需要连接词，句子成分之间的联系是意义上的，而不是结构上的。汉语侧重的是精神和要素的传达，以神统形。不像英语中有特定的连接成分，汉语的句法逻辑结构可能只通过一些动词的小变化或者修饰就能产生变化，而且经常会省略一些介词、连词等。所以，汉语句子看起来不会很有逻辑感、很明晰，甚至是天马行空的，但其表达的意义却是非常明确的，这当然是要在准确理解的基础上。所以，很多情况下，理解一个词、一句话、一段话，我们可能需要将其放在一个具体的篇章或语境中更能顺利地获得其中的意思。例如：

Guests are normally given some time to visit shops where they often buy souvenirs to remind them of their holiday when they return home.

译文：通常会为客人安排一些时间购物，客人们往往会买几样纪念品，以便他们回家后不忘此行。

英语原文通过关联词“where”引导定语从句，“when”引导状语从句，明晰地显示了各成分之间的关系。而汉语译文中不需要通过这些显性的标记词来体现，各个分句之间的关系也能很顺畅地表达到位。这正体现了汉语句子侧重意合的特点。

综上所述，英语语言更侧重使用形合的表达，汉语语言则会更多地使用意合的表达。这就是人们普遍认为的观点：英语逻辑性、关联性较强，而汉语很多时候篇章是“只可意会不可言传”的。在某种程度上，我们可以将语言和绘画做个比拟。英语更看重形式，相对结构比较紧凑，就像素描，体现的是空间上的透视及细节，要求尽可能地展示描写，追求与实物的贴近；而汉语更看重内容的表达，侧重精神的传递，相对结构比较松散，就像水墨画，展示的是画卷美，意在体现意境，作者的主旨需要读者仔细体会、琢磨。因此，我们在翻译的过程中，需要注意到英汉两种语言的不同，英译汉时注意“意定形随”，而汉译英时要注意“以形驭意”。

第三章　跨文化视域下英语教学研究

本章讲述跨文化视域下英语教学研究，分别介绍了六个方面的内容，依次是跨文化交际与英语教学融合探索、跨文化视域下的英语听说教学、跨文化视域下的英语读写译教学、跨文化视域下的英语词汇与语法教学、跨文化视域下的英语网络技术教学、跨文化视域下的英语教学评价。

第一节　跨文化交际与英语教学融合探索

随着社会不断进步与发展，我国英语教学的教学目标也在逐渐改变，从最初地对学生语言能力的培养，转向对学生交际能力的培养，再到今天对学生跨文化交际能力的培养，这就使跨文化交际成为高校英语教学的一个重要内容与方向。但是，中西方文化存在明显的差异，跨文化教学中的教与学存在很多困难。

一、影响英语跨文化交际教学的因素

语言与文化密切相关，文化对语言有着重要的影响。文化不同，受其影响下的语言也不尽相同。在高校英语教学中，了解中西方语言与文化差异，有助于了解英汉语言的规律与文化习俗、明确产生差异的原因。本节就对这些因素展开分析和探讨。

对于英汉语言来说，词汇是其组成的“细胞”，且英汉两种语言中的词汇是非常丰富的。但是，这种丰富性也导致了英汉词汇在词义、搭配、构词方式等层面存在差异性。

（一）词汇意义差异

1. 完全对应

在英汉两种语言中，有些词在词义上是完全对应的，一般这类词包含名词、

术语、特定译名等。例如，“paper”指代纸，“steel”指代钢。

2. 部分对应

在英汉两种语言中，有些词呈部分对应，即有些英语词词义广泛，而汉语词词义狭窄；有些英语词词义狭窄，但汉语词词义广泛。例如，“sister”既代表姐姐，又代表妹妹；“red”既指代红色，又可以指代紧急、愤怒、极端危险。

3. 无对应

受英汉文化差异的影响，英汉语中很多专门的词在对方语言中找不到对应词，就是所谓的“无对应”，也可以被称为“词汇空缺”。例如，“chocolate”即巧克力，“hot dog”即热狗。

4. 貌合神离对应

在英汉两种语言中，有些词表面看起来是对应的，其实不然，这种对应的词语可以称为“假朋友”。例如，“grammar school”指中学，而不是“语法学校”；“talk horse”意为吹牛，而不是“谈马”。

（二）词汇搭配能力差异

词汇搭配研究的是词与词之间的横向组合关系，即所谓的“同现关系”。一般来说，搭配是约定俗成的，但是英汉搭配规律存在着明显的规律，不能混用。

另外，很多词具有很强的搭配能力，如英语中的“to do”可以构成很多词组。“to do the bed”意思是铺床，“to do the window”意思是擦窗户，“to do one’s teeth”意思是刷牙，“to do the dishes”意思是洗碗碟。通过上述“to do”组成的这些词语，我们可以看出其搭配能力的广泛，可以用于“床”“窗户”“牙”“碗碟”等，但是汉语中与之搭配的词语不同，主要用“铺”“擦”“洗”等。

再如，汉语中的“看”也是如此，例如，看电影即“see a film”，看电视即“watch TV”，看地图则为“study a map”。

在英语中，句法起着十分重要的作用。了解中西句法的不同特征，有助于更好地进行英汉互译。中西句法的差异有很多，这些差异也反映出使用不同语言的民族思维方式与文化心理结构的不同，因此它是值得了解与研究的。

（三）语态差异

中西方思维模式的不同也必然会影响着语态的选择。通过分析英语与汉语可知，英语善用被动语态，而汉语善用主动语态。

1. 汉语善用主动语态

在做事层面，中国人侧重动作执行者的作用，即所谓的重人不重事儿。在语言使用中也是如此，中国人更习惯采用主动语态来表达，以陈述清楚动作的执行者。但是，汉语中也存在被动语态，主要用来表达不希望、不如意的事情，如受祸害、受损害等。受文化差异的影响，汉语中的被动语态往往比较生硬。

2. 英语善用被动语态

西方人对于物质世界的自然规律是非常看重的，习惯弄清楚自然现象的原理。在语言表达上，他们习惯采用被动语态来对活动、事物规律或者动作承受者加以强调，非常看重被做的事情与过程。

从语法结构上说，英语中存在十多种被动语态，且时态不同，其被动语态结构也存在差异。

（四）语篇差异

对于英汉两种语言来说，语篇即语言的运用，是更为广泛的社会实践。在中西语言中，语言是词汇、句子等组合成的语言整体，是实际的语言运用单位。人们在日常交谈中，运用的一系列段落都属于语篇。同时，语篇功能、语篇意义等都是根据一定的组织脉络予以确定的。中西语篇在组织脉络上存在着明显的差异，这些差异影响着人们的谋篇布局。基于此，接下来就对中西语篇差异展开分析和探讨。

1. 逻辑连接差异

（1）隐含性与显明性

所谓隐含性，是指汉语语篇的逻辑关系不需要用衔接词来标示，但是通过分析上下文可以对其进行推断与理解。相反，所谓显明性，是指英语中的逻辑关系是依靠连接词等衔接手段来衔接的，语篇中往往会出现 but、and 等衔接词，这被称为“语篇标记”。汉语属于意合语言，英语属于形合语言，前者注重意念上的衔接，因此具有高度的隐含性；后者注重形式上的接应，逻辑关系具有高度的显明性。

（2）展开性与浓缩性

除了逻辑连接上的隐含性，汉语中呈现展开性，即常使用短句，节节论述，这样便于将事情说清楚、讲明白。英语在语义上具有浓缩性。显明性是连接词的表露，是一种语言活动形式的明示，但是浓缩性并未如此。英语具有独特的思维方式与语言特点，这也决定了其表达方式的高度浓缩性，西方人习惯将众多信息依靠多种手段来思考，如果将其按部就班地转化成中文，那么必然是不合理的。

（3）迂回性表述与直线性表述

英汉逻辑关系的差异还体现在表述的直线性与迂回性上。汉语侧重铺垫，先描述一系列背景与相关信息，最后总结陈述要点。英语侧重开门见山，将话语的重点置于开头，然后再逐层介绍。

2. 表达方式差异

（1）主题与主语

汉语属于主题显著语言，其往往凸显主题，在结构上往往包含两个部分，一部分为话题，另一部分为对话题的说明，不存在主语与谓语之间的一致性关系。英语属于主语显著的语言，其往往凸显主语，除了省略句，其他句子都有主语，且主语与谓语呈现一致性关系。对于这种一致关系，英语中往往采用特定的语法手段。

（2）客观性与主观性

中国人注重主观性思维，因此汉语侧重人称，习惯将有生命的事物或者人物作为主语，并以主观的口气来呈现。西方人注重客观性思维，因此英语侧重物称，往往将没有生命的事物或者不能主动发出动作的事物作为主语，并以客观的口气加以呈现。受这一差异的影响，汉语往往将主体作为根本，不在形式上有所拘泥，句子的语态也是隐含式的，而英语中的主被动呈现明显的界限，且经常使用被动语态。

二、跨文化交际在英语教学中的作用

当前，跨文化交际在高校英语教学中有着重要的作用，其不仅符合当代社会发展对教育的要求，也有助于实现高校英语教学的目标，并与中国的国情相符合，下面就重点探讨跨文化交际在高校英语教学中的意义。

（一）促进经济发展

自改革开放以后，中国发生了翻天覆地的变化，从曾经的贫穷落后的农业大国已经跃升为世界第二大经济体。即使如此，中国依然有着更高的目标，始终不断提高自己在国际上的经济地位和市场竞争力。国际市场竞争力说到底还是人才的竞争力，大学作为国家培养、输送人才的主要基地，必须适应我国经济发展的需要。英语作为高等教育的一门基础学科，影响着学生的职业生涯和可持续发展。英语能力不仅体现在英语知识的掌握程度上，还体现在文化背景知识上。从这一点来讲，高校英语教学中的文化教学也是必不可少的。

（二）提高学生的交际能力

高校英语课程标准对学生英语交际能力有着明显的要求。英语文化和母语文化是两种文化体系，因此英语交际能力就是跨文化交际能力的一种体现。跨文化交际能力要求学生不仅要了解本族文化，也要精通他国文化，还要不断接受现实交际的验证。这就要求高校英语教学为了提高学生的跨文化交际能力，必须进行一定程度的文化教学。

（三）培养文化自信的必要手段

课程是学校教育的载体，通过学科课程，学生可以获取课程内容，从而促进自身的成长与发展。课程具有明显的政治色彩，其不是纯粹的、客观的，也不是无关的、无价值的。之所以语言课程存在政治性，主要是因为语言的政治性的存在。语言不仅是一种对社会生活的呈现，更是一种文化对某种社会价值的表达与呈现。换句话说，语言在社会生活中充当的不仅是工具，还是目的。

相应地，语言课程也就有了二重性的特征，即“目的—手段”，其不仅是知性的呈现，还是人性的呈现，对于学生的世界观、人生观、价值观有着独特且直接的影响。因此，在英语文化课程中，应该实现目的语文化与母语文化的并举，实现二者的平等对话，学生一方面可以从不同的视角反思母语文化，另一方面对目的语文化有客观、全面的认识，从而实现二者视域的融合，进而发现不同文化的价值，获得文化自信。

第二节　跨文化视域下的英语听说教学

一、跨文化视域下的英语听力教学分析

（一）听力的相关定义

1. 听

“听”不是单一的动作，它是连续不断的一种处理过程，包含以下部分。①如何对语音进行划分。②如何对语调形成一种认识。③如何对句法进行详细的解读。④如何把握语境。

大多数时候，上述过程是在人们无意识中悄悄进行的。

此外，学者还就“听”和“读”的联系与区别进行了阐释，并认为与“读”相比，“听”的作用更加显著，具体包含以下 4 点。

①能让人感受到一种韵律的美。②能让人产生一种对追逐速度的急切心理。③能对信息的加工和反馈都在最短的时间内完成。④耗时较短，通常不会重复进行。

“听”与“读”都是一种对信息的输入，但是在高校英语听力学习中，教师绝对不能将“听”看作阅读的声音版，而应该认真研究“听”的本质属性，并据此去组织教学，从而帮助学生获得一定的听力技能。

2. 听力理解

从信息论的角度来讲，听力理解是对信息进行认知加工的过程。“听力理解”呈现出以下 6 种特征。

（1）时效性

时效性是指听力理解要求听者在一定的时间内高效地对声音信息进行加工。要做到这一点，听者需要认识到时间的紧迫性并且能够快速地作出判断。声音信息输入的流线型特点同样要求听力理解具有时效性。听力理解是否具备时效性，往往是衡量一个人听力能力的一个关键指标。

在高校英语听力学习中，教师可以将听力理解的时效性特点向学生进行详细的解释，这样可以督促学生制订出更好的听力计划，促使学生监控和评估自己的

听力能力。如果要想保证理解效度的最大化，听者就需要解决自身的听力时效性问题，如果不能解决这一问题，那么听者就很难理解发话人接下来的话语。

（2）过滤性

过滤性是指听者在听力理解的过程中能够准确地筛选出有用的信息，而剔除那些无用的甚至是干扰的信息。简单来讲，过滤性就是“抓关键信息”。

显然，听者不需要原原本本地将听力内容在头脑中放映一遍，但是必须能够把握住听力内容的中心思想。因为听力理解的内容是一连串连续性的语言符号，人们必须从整体上把握内容，而不是孤立地关注某一个音素。想要把握听力内容的中心思想，不偏离听力内容的大方向，就必须先获取发话人的“主题”，然后围绕这一主题探索事件的时间、地点、过程及发话人的思想情感等边缘要素，主题和边缘要素存在着一种内在的连贯性。

（3）即时性

即时性是指听力理解无法提前安排和计划，都是随时进行、随时结束的。这就使我们不可能提前对听力理解进行演练，因此听力理解还具有不可预知性，这也正是它的难点所在。在听力学习中，教师应该尽可能地培养学生对听力材料的适应能力，使其能够对各种情况做到随机应变。

（4）推测性

推测性是指听力理解是通过推理进行的。其实说到底，只要是含有理解的行为，就少不了推理的存在。说得具体一点，推理就是依靠自己的主观能动性不断验证先前的假设的认知过程。

在一次完整的推理中，有两个环节是必不可少的。首先是预测将要发生的事情，其次是对结果进行推断。当然，这两个环节有其存在的前提，也就是我们不能做无缘无故的预测，那是妄想，而是要根据已有的知识经验来推测未知的事物。已有的知识经验和未知的事物之间是有着内在关联的，听者需要通过这些显性或者隐性的关联来寻找发话人的信息，从而推测发话人的意图。

（5）情境性

情境性是指听力理解发生在特定的时间、场合之下，时间、场合构成了听力理解的情境。时间和场合中任何一方面发生改变，情境就会改变，进而产生不同的听力情境。

听者之所以要关注听力理解的情境，是因为这些情境中包含着很多重要细节，它们决定了听者对话语意义的理解，同时可为即将产生的话语提供理解的线索。在日常的听力学习中，教师要提醒学生注意情境，有意识地提高学生对情境的敏感度，从而促使学生对话语有更准确的理解。另外，教师应该尽量为学生创设真实的情境，因为语言的运用就是在真实的情境下发生的。

（6）共振性

“共振性”这一概念应该是从物理学中移植过来的，表示一种瞬间感应性。听力理解具有共振性，是指听力理解是在对应原则的基础上发生的，有着自己独特的经验和惯性。

具体来讲，在听力理解中，一些新信息不断地刺激大脑，从而激活大脑中的已有知识，新知识和已有知识之间的交流就是共振。这说明，一个人拥有的知识总量和他的感知能力的高低是成正比的，和他的共振效率也是呈正相关的。听力理解的共振性和信息加工理论中的“编码—解码”程序有着很大的关系。

（二）高校英语听力教学的现状

尽管高校英语教学深受重视，而且随着教学改革的深入有所发展，但是在教学中学生“听不懂，说不出”的问题依然存在。因此，有必要对高校英语听力教学中存在的问题进行分析，以便有针对性地解决这些问题，促进高校英语听力教学的发展。

1. 教师层面

（1）教学目标有所偏离

高校英语教学中设置了高校英语四、六级考试，这本是为了激发学生的学习兴趣、培养学生的英语能力而设置的，但有些教师将通过考试作为教学的指向标，忽略了学生听力能力和跨文化交际能力的培养。基于这样的目标，在时间有限的课堂中，教师常会将听力教学变为题海战术，这样不仅使学生感到枯燥乏味，还很难真正提高学生的听力能力。

（2）课程设置处于弱势地位

在整个高校英语课程设置中，听力教学处于弱势地位，受关注的程度并不高。在多数院校中，高校英语科的周学时为 4 小节，但教师常常将教学中心放在精读课上，部分院校甚至将听力课与口语课相融合，变成听说课，从而稀释了听力课的学时，这使得听力教学课时难以保障，学生听力能力的培养也难以得到保障。

（3）教学模式僵化

受课程设置不合理、教学目标偏离、受重视程度不高等影响，现在的高校英语听力教学存在教学模式僵化的问题。很多教师将主要精力放在教学任务的完成上，忽视对教材的整体把握，缺乏对学生的有效指导，甚至目标不明确，只是机械地、一遍遍地播放录音，学生只能被动、盲目地听，这使得听力教学拘泥于“听听录音、对对答案，教师解释”的单一模式。在这种教学模式下，不仅课堂氛围沉闷，学生的学习积极性也不高，学生的听力能力更是难以得到锻炼。

2. 学生层面

（1）对听力缺乏兴趣

由于教学方式的单一性和听力本身的复杂性，很多学生对听力学习缺乏兴趣，甚至从心理上对听力产生了抵触情绪。这种抵触情绪会进一步降低学生参与听力活动的积极性，甚至使学生应付听力学习，使听力学习收效甚微。

（2）缺乏英语文化知识

语言与文化密切相关，很多听力材料中都渗透着文化知识。很多学生无法准确理解听力内容，部分原因就在于缺乏必要的文化背景知识。对此，学生在听力学习中不仅要学习听力技能，还要学习文化知识，了解英语国家的历史文化、思维方式等，掌握中西方文化间的差异，这样才能为听力学习扫清障碍，提高听力水平。

（3）不善于利用课余时间

课堂教学的时间是有限的，因此对课堂教学起着补充作用的课余时间的利用率直接影响着学生的听力水平。但是在实际学习中，学生并没有充分利用课余时间。很多学生没有制订自己的学习计划，只是一味地依靠课堂教学，但课堂教师是面向全体学生的，是针对学生的平均水平制订的，并不能满足学生的个性化需求。如果学生能制订适合自己的学习计划，并充分利用课余的零散时间，将英语听力学习与日常生活相结合，那么其英语听力水平就一定会得到提高。

（4）基础知识积累不足

现在，尽管听力教学受到了学生的重视，但是仍然有很多学生的听力水平不高，这在很大程度上源于学生基础知识积累不足。一方面，学生缺乏必要的语音知识，对音节、连读等掌握不牢固，加之词汇量积累有限、欠缺语法知识等，这些都会对学生的听力理解造成影响；另一方面，学生缺乏良好的英语学习环境，对此学生很难对英语音调、韵律等具有敏感性。由于基础知识积累不足，学生的听力能力将很难得到提高。

（5）学习形式单一

受传统教学模式的影响，学生在学习英语听力时，十分依赖教师的教学，依赖学校规划和课程安排，进而导致自主学习听力的能力较低，在英语听力上得不到成就感，学习兴趣降低，最终整体学习效果不佳。学生跟随教师的课堂讲解，不利于学生建立个性化的英语知识框架和体系，不利于学生自主学习能力的提升。

（6）缺乏英语听力环境

我国学生是在汉语环境下学习英语听力的，而且主要通过教材和课堂学习英语听力，学生在课本上学到的英语都是规范英语，教师在教学中为了便于学生理解，常会放慢语速，使得语流失去了正常的节奏。但在英美国家，人们在实际交际过程中使用的语言具有很强的口语化特征，常使用口语化表达。而在课堂教学中，这种口语化的语言很少出现，学生接触不到地道的英语表达，也就很难提高英语听力能力。

（三）高校英语听力教学的原则

高校英语听力教学应遵循科学的教学原则，确保学生的听力能力得到锻炼，促使学生能够有效进行跨文化交际。具体而言，高校英语听力教学应遵循以下 4 项原则。

1. 注重情感原则

在教学中，教师除了要注重学生学习本身之外，还要重视学生的情感体验。情感是学生智力与非智力发展的原动力，学生只有具有了一定的情感体验，才能促进相应的智力及非智力活动的进行，并对所学知识产生感情，从而在学习中获得事半功倍的效果。在大学听力教学中，教师也要充分重视情感因素，在教学各个环节中都要充分考虑学生的情感因素，有效降低情感过滤作用，使学生积极参与课堂上的各种活动，从而达到获得信息、吸收语言的目的。具体而言，教师要创造一个轻松、愉快的课堂环境。例如，教师在听的过程中可以穿插一些幽默小故事、笑话、英文小诗、英文卡通或英文歌曲等，也可以根据实际情况改变听的形式或更换听的内容等，努力消除学生因焦虑、害怕等产生的心理障碍，创造和谐的学习氛围，使学生获得良好的学习体验，进而提升学生的听力水平。

2. 激发兴趣原则

听力能力的提高需要一个过程，不能一蹴而就，还需要不断的练习和努力，在英语听力学习中，兴趣至关重要。因此，教师在开展高校英语听力教学时要有意识地激发学生的兴趣，遵循激发兴趣原则。具体而言，教师在进行听力教学之前，首先要充分了解学生的兴趣所在，即了解学生对哪些听力活动和听力内容感兴趣，然后以此为依据调整教学内容和教学方法，激发学生的听力兴趣，调动学生的积极性，进而提高学生的听力水平。

3. 综合原则

在高校英语听力教学中，分析性的听以词、词组、句子为单位，注重对细节内容的把握。在这种情况下，学生在听材料时就要“抠”字眼。例如，对于听力题中涉及的有关时间、地点、数字等问题，学生在听的过程中对此类细节应特别注意并做简单记录。综合性的听则以语篇为单位，注重对听力材料的整体理解，这种原则可以解决听力题中涉及材料主旨大意、整体思想的理解等方面的问题。分析性的听是综合性的听的基础。一般来讲，听力题往往既涉及材料的通篇理解，又注重考查细节问题，所以，在听力训练中就要求教师遵循综合性的听与分析性的听相结合的原则，设置相关的听力训练，培养学生的听力理解能力。

4. 循序渐进原则

高校英语听力应层层有序地开展，从简单到复杂逐步进行，即要遵循循序渐进原则。具体而言，在高校英语听力教学中，教师应充分了解学生的学习情况，选择符合学生学习阶段和水平的听力材料，而且听力材料要由易到难安排，同时兼顾多样性和真实性。在听力教学初期，教师要选择语速适中、吐字清晰的材料，并随着教学进度逐步增加难度。听力材料也要贴近生活，最好选择社会热点话题、故事及日常会话等，以激发学生学习的兴趣。

（四）高校英语听力教学中的跨文化因素

大学生在中学甚至小学时期已经学习了多年英语，对语音、词汇、语法和句型等都有了一定程度的掌握，因此很多学生甚至教师都认为，掌握了这些内容足以提高听力水平。但是事实并非如此，即便学生掌握了大量的语音、词汇、语法、句型等方面的知识，也未必能听懂所听内容。这是因为听力理解的好与坏一方面在于听者的语言基础，另一方面还与其对话题的熟悉程度、文化背景知识的多寡、听者心理素质的高低等有关。其中，文化背景知识的积累是一个重要方面。学生只有掌握了一定的文化背景知识，才能在听的过程中充满自信。中西方文化存在较大的差异，这给语言交流造成了很大的困难，并对听力的有效进行及高校英语听力教学的开展都造成了一定的影响。因此，要想让学生切实提高英语听力能力，并能够运用这一技能进行跨文化交际，就要使其加深对西方文化的了解和认识，从深层次上提高英语听力能力。

1. 词语文化差异对听力教学的影响

在听力学习过程中，很多学生都反映有的听力材料看上去并不复杂，没有生词，语言结构也不复杂，但在听的过程中总觉得晦涩难懂，无法理解其内涵。这种情况主要是学生不理解词语的深层文化内涵造成的。心理语言学认为，听者在大脑中储备的文化背景知识与听力材料互相作用的动态过程，是实现有效的听的重要前提。

2. 社交文化差异对听力教学的影响

学生学习英语听力是用来社交的，不了解中西方社交差异，将会对其交际过程产生不利的影响。中西方社交差异在多个方面都有体现，其中在俚语的表达方面就体现得尤为明显。英语的俚语相当于我们的歇后语，蕴含着发人深思的内涵。例如，“fill someone in”的真正含义是“告诉某人，让他了解一些状况”。但我国大学生很容易逐词逐句地理解这一短语，将其理解为“把某人填进去”，这必然会对听力产生影响。对此，在高校英语听力教学中，教师应引导学生了解中西方社交文化的差异，培养学生的文化差异意识，切实提高学生的听力能力。

除了上述两个方面，英汉的思维模式差异、历史背景差异、地理环境差异等都对听力有着重要的影响，在具体的教学中，教师应尽量全面地丰富学生的文化知识，提高学生的文化素养，为学生听力能力的提升排除文化障碍。

（五）跨文化视域下高校英语听力教学的方法创新

基于跨文化视域，在高校英语听力教学中，教师应不断更新教学理念，创新教学方法，以提高教学质量和效率。具体而言，教师可以采用以下两种方法来开展高校英语听力教学。

1. 技能教学法

听力的有效进行是需要一定的技巧的，因此在高校英语听力教学中，教师应向学生介绍 4 种常用的听力技巧。

（1）听前预测

在进行听力之前，进行一定的预测是很有必要的。在教学中，教师可以指导学生在正式听听力材料之前，先浏览一下听力问题，据此预测听力测试的范围，如地点、时间、人名等，这样可使听力教学更具针对性。

（2）抓听要点

在听的过程中，要学会抓听要点，也就是抓听交际双方言语活动中的主要内容、主要问题、主题句和关键字等，对于一些无关紧要的内容则可以不用重点去听。

（3）猜测词义

在听力过程中，学生不可能听明白每一个词，而且有时难免会遇到陌生的单词，此时如果停下来思考这个词的意思，就会影响整个听力材料的理解。这时学生可以继续听，通过上下文来猜测词义，这样既不会中断思路，也能流畅地理解听力材料内容。

（4）边听边记

听力具有速度快和不可逆转性的特点，听者在有限的时间内不可能听懂和记住所有的内容，此时就需要借助笔记来辅助听力活动，也就是边听边记录。听力笔记不需要十分工整，只要听者自己能看明白就行。

2. 文化导入法

（1）通过词汇导入

词汇是语言的基本要素，并且蕴含着深厚的文化内涵，所以要了解西方文化，首先要从词汇开始。在高校英语听力教学中，教师通过词汇向学生导入文化知识，不仅可以提高学生的文化意识和素养，还能丰富学生的词汇量，为其听力能力的提高奠定基础。

（2）通过习俗导入

交际必然会涉及习俗文化，如打招呼、称呼、感谢等，了解这些习俗文化对听力能力的提高具有重要意义。在具体的听力教学中，教师可以设计情境对话，或者安排学生进行角色扮演，让学生置身于英语环境中感受英汉习俗文化的差异，听取地道的英语表达，锻炼英语听力能力。

（3）通过网络多媒体导入

现代信息技术的发展促使网络开始普及，而且在各个领域发挥着巨大作用。在信息化时代，教师可以充分利用多种网络技术向学生输入文化知识。具体而言，教师可以通过多媒体设备向学生展示文化知识，引导学生进行广泛的听力活动。此外，教师可以鼓励学生通过网络寻找听力资料进行练习，这样可以培养学生的自主学习能力，锻炼学生的听力能力。

二、跨文化视域下的英语口语教学分析

（一）口语的定义

对于学习英语口语的学生而言，他们想要使用英语进行口语表达，首先就需要掌握一些英语的基础知识，如英语的节奏感、语音、语调等，学生除了要掌握发音，还要掌握这门语言的功能。个体想要掌握一门语言，不仅要学会发音，还需要把握这门语言的其他方面的知识内容，如这门语言背后的社会习俗、文化背景、交际方式、社会礼仪等。可见，语言交际看似简单，其实相对复杂，是上述所有内容的一种综合体现。

人们对口语能力这一概念的理解往往不同，不同的理解通常会带来不同的教学效果。英语作为一门语言，是随着社会的发展而发展的，其学习理念同样会逐渐变化。在以前，人们认为英语教学的理念就是发展学生的语言能力，让学生掌握基本的语音、词汇、语法、句法等知识，学生只要对这些知识有了充分的掌握，就会自觉学会运用，并流利地使用这门语言进行沟通与交流。然而，现实情况往往与人们想当然的局面大相径庭，而这种理念引导下的教学的弊端也越来越大。

20世纪七八十年代，西方国家涌现出大量的移民，在美国、新西兰、加拿大等国家都是如此，在这一现状的影响下，语言学领域的研究者及作为一线工作者

的教师对语言学习的传统模式有了一些新的见解，他们的理念开始发生转变。这些人认为，学生只掌握语言的语音、词汇、语法等知识并不能真正地学会英语，更不意味着可以流利地开口讲英语，甚至不能利用自己所学的这门语言在社会上谋生。

随后，学者及教师开始将英语语言能力看作交际能力的一个组成部分。有的学者认为，交际能力是个体与他人利用语言这门工具进行信息互动进而生成的一种有意义的能力，这种能力区别于做语法、词汇知识选择题的能力。然而，学生如果想要获取更加高级的交际能力，就必须对所使用语言的社会环境、文化环境有一定的了解。社会语言能力往往指的是使用语言的人在不同的场合与环境中运用语言的能力，这一能力涉及：①语域，即正式语言或非正式语言的使用。②用词是否恰当。③语体变换与礼貌策略等。

（二）高校英语口语教学的现状

口语作为一项重要的英语技能，具有显著的实践性特征。对于现代大学生来说，口语是他们交际能力培养的重要途径。但是从目前来看，我国高校英语口语教学的现状并不佳，口语障碍等问题普遍存在。通过对这些问题进行分析，我们能有针对性地解决这些问题，进而改善高校英语口语教学的现状，消除学生的口语障碍，提高学生的口语表达能力。具体而言，高校英语口语教学中的问题体现在以下两个方面。

1. 教师层面

（1）课堂缺乏互动

在高校英语口语教学中，师生和生生之间的交流和互动是教学的重要内容，也是口语教学的核心，对培养学生口语表达能力、实现教学计划起着关键作用。但是在现在的高校英语口语教学中，教师依然在课堂教学中处于中心地位，教师占据着绝对的主导权，课堂教学缺乏互动与合作，学生没有开口的机会，更没有开口说的积极性，其自主能力得不到培养，最终使口语教学陷入僵局。

（2）教学模式缺乏创新

相较于其他英语技能教学，口语教学的实践性更强，需要通过交流和沟通来实现教学目的。这就需要教师根据教学目的创新教学模式，培养学生的口语实践能力。但是就目前的高校英语口语教学来看，教师依然采用传统的教学模式，即“先讲解—后练习—再运用”。这种教学模式虽然符合教学规律，却制约了学生的学习积极性。在这种教学模式下，学生只能被动地接受知识、机械地进行练习，根本没有独立思考和自主学习的空间。现在的学生都习惯接受新鲜事物，根本无法适应单调且缺乏创新的教学模式，这种枯燥的教学模式只会影响学生构建语言的创造力，也会将学生的学习热情消磨殆尽。

（3）忽视口语实践训练

尽管当前英语口语教学受到了教师的重视，教师也尝试探索相应的口语训练措施来提升学生的口语能力，但是教师对学生的口语训练仅局限于课堂教学，而忽视了学生课后口语强化训练，也很少向学生推荐相关的口语训练平台，最终导致学生的口语训练效果不佳。

2. 学生层面

（1）存在心理障碍

心理障碍，是当前学生在高校英语口语学习中存在的重要问题。这种心理障碍具体表现为自信心不足，存在焦虑情绪。这种现象的存在必然会对学生的口语学习造成影响。

（2）思路不明确

思路不明确是学生口语学习过程中常遇到的一个问题。在英语口语练习过程中，学生会存储一定量的信息，并组织信息进行表达。但在实际表达过程中，学生的思维常会受到限制，尤其是遇到一些生词的时候，就无法判断要说的词汇和内容，在有限时间内不能有效找到合适的句式来表达自己的思想。所以，思路不明确也会影响学生的口语技能。

（3）口语练习手段单一

现在学生练习口语的手段依然十分单一，学生通常是在课堂上按部就班地学习英语口语，或者是找外教练习口语，这不利于学生口语水平的提高。实际上，随着社会的发展和知识的更新，大量的口语 App 诞生并被广泛运用，各大高校也建立了自己的英语自主学习平台，这为学生的口语锻炼创造了条件。学生可以充分利用这些资源来练习口语能力，而不必拘泥于传统的学习方式。

（三）高校英语口语教学的原则

在高校英语口语教学中，教师应遵循科学的教学原则，以有效提高学生的口语水平，提升教学的效率。具体而言，可遵循以下 4 项原则。

1. 循序渐进原则

口语能力的提升需要一个很长的过程，不可能一蹴而就，因此在高校英语口语教学中，教师应遵循循序渐进原则，即由易到难、由理论到实践，层层深入，逐步提升学生的口语能力。我国的大学生来自全国各地，不仅英语水平参差不齐，发音也会受地域方言的影响，因此教师在口语教学的过程中首先应该解决学生语音、发音层面上的问题与困难，纠正他们的错误发音，让学生根据从简单到复杂的程序，从语音、语调、句子、语段出发，逐步进行锻炼。另外，教师在安排与设计教学步骤时要遵循科学原则，准确把握难易程度。如果教学目标定得太高，学生学习起来会有压力；如果目标定得太低，学生学习起来会缺乏挑战性和乐趣，因此教学目标设计要适度，要符合学生的实际水平。

2. 互动性原则

口语练习本身是一件很枯燥的事情，长期枯燥的练习很容易使学生失去对口语的兴趣。对此，教师在口语教学中要坚持互动性原则，不要放任自流，完全不管学生的练习进度与练习效果。教师应努力使学生的口语训练充满互动性，这种互动能有效保持学生对口语学习的兴趣。此外，为保证练习的互动性，教师为学生设计的话题应是能够使学生之间进行有效的互动练习。我们在后文提到的任务教学法、交际教学法中的各种活动都很好地遵循了互动性原则。

3. 主体性原则

所谓主体性原则，是指在明确教学主体的前提下开展教学。高校英语口语课堂需要主动开口交流，学生无疑是课堂的主体，应该是教学中最积极、活跃的主动参与者。与此同时，教师在教学中处于辅助地位，是学生学习的引导者，要为学生提供必要的帮助。在高校英语口语教学中，不论是教学计划还是教材内容，这些都是口语教学的辅助性内容，学生能否积极参与教学活动才是关键。英语口语相较于其他学科有其本质上的特殊性，因此教师应遵循主体化原则，根据学生的实际情况和需求设计具有吸引力和价值的口语课堂教学，从而激发学生的积极性，提高学生的口语能力。

4. 内外兼顾原则

所谓内外兼顾原则，是指考虑问题时要顾及内、外两个方面。在这一原则的指导下，教师在高校英语口语教学的过程中不仅要重视课堂教学，还需要引导学生合理利用课外活动来练习口语。事实上，学生的口语学习应该以课堂教学为主，并且要将课外活动中的口语学习作为课堂学习的一种补充，二者相互促进、相互配合。在课堂教学练习的基础上，学生开展相应的课外活动，可以将课堂上所学习的知识在课外活动中进行充分实践，从而达到复习、巩固知识的目的。此外，学生在课外活动中还可以运用课堂上所学习的理论知识，将知识内容转化为技能。与课堂活动相比较而言，课外活动的氛围比较轻松，学生的心情也会十分愉悦，在这种放松的心情下练习口语将会取得令人意想不到的效果。在课程结束之后，可以将学生分组，让学生以小组为单位来完成作业。通过相互讨论小组任务，教师可以帮助学生提升自身的口语能力，同时可适度加强学生的团结协作能力。

（四）高校英语口语教学中的跨文化因素

文化差异对口语交际有着重要的影响，对高校英语口语教学的影响也是显而易见的，因此教师在开展高校英语口语教学时，要让学生了解文化差异所产生的影响，培养学生的文化差异意识。

1. 词汇内涵差异对口语教学的影响

词汇是人们撰写文章、口语表达思想的基础，要想准确地传递信息和情感，首先要掌握大量的词汇，并且要了解词汇的含义，包括基本含义和内在文化含义。词汇蕴含着丰富的文化内涵，这对口语表达也有着至关重要的影响。英汉文化差异在词汇上有着鲜明的体现，所以学生了解和掌握这些词汇的文化内涵，并将其准确地应用到口语表达中，将能有效提高自身语言表达的水平。例如，在交际中，当对方说“Paul was in blue mood.”（保罗情绪低落。）这句话时，如果不理解“blue”的文化含义，双方将很难顺利进行交际。在这里，blue 并不指其基本含义“蓝色”，与“mood”搭配表示的是“沮丧的，忧郁的”。了解了这一文化含义，交际自然就能顺利进行了。这样的例子还有很多，如在汉语文化中，“马”（horse）被人们视为朋友，属于积极进取、奋发图强、吃苦耐劳、勇往直前的正能量代表，如“马到成功”“龙马精神”等都表达了这一象征意义。但在英语文化中，“horse”常用来作普通的喻体而已，和马毫无关系，如“white horse”（泡沫翻腾的浪峰）、“horse of another color”（完全不同的另一回事）等。

对此，在高校英语口语教学中，教师首先应丰富学生的词汇量，同时让学生掌握词汇所蕴含的文化含义，并了解英汉词汇含义所体现出的文化差异，从而培养学生的词汇对比意识，提高学生的口语表达能力。

2. 语用规则差异对口语教学的影响

语言交际有一定的规则，即语用规则。学生不了解英汉语用规则就会对交际造成影响。例如，在寒暄方面，中国人见面习惯说“吃过了吗”以表示关心。这样的表达并不在于“吃饭”本身，而是一种招呼用语，有着类似于“你好”的问候语义，相当于英语中的“hello”。但是在西方国家，如果听到“Have you eaten yet?”（你吃饭了吗？）时，西方人会理解为对方想请他吃饭，然后会作出回应：“Thank you，it is very kind of you.”（谢谢，你真善良。）

对此，在高校英语口语教学中，教师应向学生介绍英汉语中的语用规则，和英汉语用规则的差异，以免学生在交际实践中产生误解而影响交际。

3. 地理环境和气候条件差异的影响

地理位置不同，其气候条件也不同，这会对文化产生一定的影响，进而在语言中有所体现。例如，英国是个岛国，多面环海，处于温带海洋性气候带，气候四季温暖。受地理环境和气候条件的影响，英国降雨频繁，随时都有可能下雨，因此人们常随身带伞，并且讨厌这种天气。基于这一背景，在日常生活中就不宜跟英国人开关于天气的玩笑，否则会引起交际失败或者冲突。

（五）跨文化视域下高校英语口语教学的方法创新

在英语口语教学中进行文化渗透需要采用科学的教学方法，教师要将目光投向文化教学，实现口语教学与文化教学的融合，从而丰富学生的文化知识，扩大学生的文化视野，进而提高学生的口语表达能力和跨文化交际能力。具体而言，教师可采用以下方法开展教学。

1. 文化对比法

英汉文化差异对口语交际有着很大的影响，因此在英语口语教学中，教师应加入中国文化元素与西方文化元素的对比，呈现中西方文化之间的差异。以饮食文化为例，西方人宴请客人时多考虑客人的口味、爱好，菜肴通常经济实惠；中国人为了表示热情好客，在请客时通常准备多道菜肴，而且讲究菜色搭配。引导学生进行文化对比，不仅能提高学生的文化适应性，还能减少汉语思维的负面影响，进而提高学生的跨文化交际能力。

2. 创境教学法

口语学习的目的是进行实际交际，所以学生只有在真实的情境中开口说英语，才能使自己的口语能力得到锻炼。对此，教师可以采用情境教学法开展口语教学，即创设真实的情境，让学生在真实的环境下学习口语。具体而言，教师可以通过角色表演和配音两种活动来创设情境，锻炼学生的口语能力。

（1）角色表演

教师可以根据教学内容让学生进行角色扮演，将主动权交给学生，让学生自主分工、自行排练，然后进行表演。这种方式深受学生喜爱，不仅能缓解机械、沉闷的教学环境，还能激发学生说的兴趣，让学生在真实的社会场景中进行社交活动，锻炼口语能力。当学生表演结束后，教师不要急于评价学生，应先给学生一些建议，然后再进行点评和总结。

（2）配音

配音是一种有效锻炼学生口语能力的方式，教师可以充分利用配音活动来提高学生的口语水平。具体而言，教师可以选取一部英文电影的片段，先让学生听一遍原声对白，同时向学生讲解其中的一些难点，然后让学生再听两遍并记住台词，最后将电影调至无声，让学生进行配音。这种方式可有效激发学生开口说的积极性，让学生欣赏影片的同时锻炼口语能力。

3. 交际教学法

交际教学法诞生于20世纪80年代，其以交际能力的培养为目标，更加注重语言的实际运用，旨在提高语言交际的质量。交际教学法认为，英语教学的根本目的就是培养学生的交际能力，因此各种语言知识与技能的学习与训练都必须为交际能力服务。交际教学法打破了传统教学教师“一言堂”的教学模式，教师不再是教学的“主角”，学生也不再是被动的“观众”。在交际教学中，教师要发挥自身主导作用，尊重学生的主体地位，合理安排课堂活动，将学生置于真实的语言环境中，帮助学生开展各种交际活动。

在口语教学中，交际教学法是一种行之有效的方式，课堂口语训练的内容有很多，如语音训练、会话技巧、交际技巧等，不论哪种训练，其核心内容都是语音的功能。

第三节　跨文化视域下的英语读写译教学

不论学习何种语言，读写译技能的掌握都是不可或缺的。通过阅读，学生可以扩大该语言的知识含量；通过写作，学生可以充分锻炼自己所掌握的语言知识；通过翻译，学生所学习的语言知识可以得到进一步巩固与提高。在跨文化视域下，高校英语读写译教学需要进行创新与发展，为此，本节就对这方面内容展开详细分析。

一、跨文化视域下的英语阅读教学分析

（一）阅读的相关定义

阅读是人类社会的一项重要活动，这项活动是随文字的产生而产生的。正是有了文字的存在，人们才可以把语言的声音信息转化为视觉信息，并将它长期保持下来，进而突破语言在时间上和空间上的限制，使人类社会所积累起来的经验能够系统地得以保留和传播。

在现代社会中，不仅学生的学习离不开阅读活动，社会生活的各个方面也都离不开阅读活动。阅读活动的性质可从以下四方面理解。

第一，阅读是以书面材料为中介的特殊的交际过程。它是作为一种特殊的交际方式而存在的社会现象，“作者、文本、读者”是构成这个过程的三个基本要素。在这个过程中，读者不仅要通过文本去发现、理解作者要表现的世界，还要通过与作者在情感、理智上的对话与交流，实现意义的生成及主体自我的创造与重构。

第二，阅读是读者从书面语言符号中获取意义的认知过程。通过阅读，读者可以把外部的语言信息转化为内部的语言信息，将文本所蕴含的思想转变为自己的思想，从而不断地丰富和完善自己的认知结构。

第三，阅读是人类社会的一种言语实践行为。它是主体感受、理解文本、建构与创造意义的过程。

第四，阅读是一种复杂的心智活动过程。在阅读活动中，读者先要运用视觉感知文字符号，然后通过分析、综合、概括、判断、推理等思维活动对感知的材料进行加工，把经过理解、鉴别、重构的内容融入原有的认知结构中，而且这种思维活动要贯穿阅读过程的始终，要求读者必须凭借全部的心智活动及特定的智力技能才能完成。

1. 阅读理解

在语言学习过程中，阅读能力一直都发挥着重要的作用，因此很多国家都十分重视阅读。例如，美国做过“阅读动员报告”，英国启动了“阅读是基础”运动，两国还投入了大量人力和财力来推动国民阅读能力的培养。在中国教育教学中，阅读能力也深受重视。很多学者都认为阅读涉及读者和阅读文本，并且认为阅读是这二者之间的交流互动。简单而言，阅读就是读者积极运用已经掌握的语言知识和背景知识等对语言材料进行处理，同时获取信息的过程。

2. 阅读模式

关于阅读的模式，不同的学者有着不同的理解。基于对阅读不同的理解，提出了以下 4 种阅读模式。

（1）自下而上模式

自下而上模式，又称“文本驱动模式”。在这种模式中，阅读是读者由低层到高层、自下而上、被动地对文本进行解码的过程。这种解码过程具有一定的次序，要求读者从简单地认读字母、单词词汇出发，继而对句子、段落进行分析，最后达到对语篇的整体理解。受这种阅读模式的影响，传统的英语阅读教学侧重语言基础知识的学习，注重对教学中词汇和长难句的分析，而忽视了对文章整体性的把握，最终导致学生无法准确理解文章的含义。这种教学方式不利于学生对文化的学习，也会对学生的阅读理解造成文化障碍，无法激发学生的学习兴趣。

（2）交互阅读模式

交互阅读模式，该模式认为阅读是一种交互过程，这种交互包含两个方面。一方面是读者与文本的交互，另一方面是文本驱动与图式驱动的交互。该模式既注重语言基础知识，也注重背景知识在阅读中的作用，并且认为只有将解码技能与图式相互作用，才能完成对文本的理解。该模式要求教师在阅读教学中既要重视基础语言知识的传授，又要引导学生激发脑海中的已有图式，从而促进学生建构与新知识的联系，提高阅读效率。

（3）自上而下模式

自上而下模式，该模式认为，阅读是基于已有知识不断进行预测、验证或修正的过程，是读者与作者相互交流的过程。基于该模式，阅读不再是从低层次的词、句出发，而是从较高层次的语境出发，来推测整个语篇意义。读者在阅读过程中会积极调动已有的经验和知识，结合文章内容来推断作者意图，继而在阅读中不断对自己的推断加以验证和修正。受这种教学模式的影响，阅读教学侧重于对学生阅读速度和推测能力的培养，主张提高学生的阅读效率。但该模式下的阅读教学过于强调学生已有的知识，而忽视了教学中语言知识的积累，会造成学生在阅读理解上的障碍。

（4）图式驱动模式

图式驱动模式，该模式认为阅读是一种心理猜测过程，整个过程都在围绕猜测进行。其与文本驱动模式的区别是，该模式认为阅读过程涉及两个方面，即文本和读者。在文本阅读过程中，读者要运用已有的话题知识、语篇知识、文化知识等来理解正在阅读的材料和猜测接下来将要阅读的材料。

（二）高校英语阅读教学的现状

英语阅读教学的地位在整个英语教学体系中举足轻重，英语阅读教学是我国英语教学的重点和难点，并且依然存在着一些问题。

1. 教师层面

（1）课内模式落后

在一些英语阅读课堂上，传统英语教学的影子还没有完全消失。虽然教育学界一些专家都在倡导先进的英语教育理念，但是真正让这些理念落地，还是困难重重。我们还是会在高校英语阅读教学课堂上看到这样的情景：教师在上面讲得津津乐道，学生在下面认真聆听，还做着笔记。教师逐句讲解阅读文章里的新词汇、句型、语法等，然后分析文章里的问题，这样的英语阅读课有点变味了，倒像是一堂语法课。关键问题是学生习惯了这样的教学模式，久而久之会养成被动的学习习惯，缺乏自己的思考、缺乏实践，课堂上缺乏互动，这样不仅降低了学生的阅读兴趣，也无法真正提高学生的英语阅读能力。

（2）课外缺乏监督

大学的课时有限，因此很多的阅读主要是在课外完成的。虽然教师布置了课外作业，但是由于学生长期形成的依赖教师的思想，如果教师不抽时间检查学生的课外作业，学生很可能就不会认真对待课外作业。课堂的阅读量是很小的，加上学生对待课外阅读不认真，这样就无法提高学生的阅读能力。

2. 学生层面

（1）词汇量和阅读量都少

篇章是由许多词汇构成的。显然，没有一定的词汇量，英语阅读是无法进行下去的。要想提高英语阅读能力，词汇量是基础，足够的阅读量是前提。在词汇量薄弱的情况下，扎实的阅读技巧是没有用武之地的，是无效的。进入大学以后，英语阅读所要求的词汇量相比中学阶段有了大大的增长，并且同义词、近义词繁多，词义之间的区别和差异模糊、难以辨认，这给学生的学习增加了难度，对学生的目标要求也不一样了。提高英语阅读综合能力，需要学生在掌握充足的词汇量的前提下进行大量的阅读。当然，词汇量和阅读也是相辅相成的，词汇量是通过阅读加以积累的，而词汇量又进一步推动着阅读的进行。

（2）英语阅读的动力不足

从中学进入大学后，学生逐渐摆脱了家长和教师的严格监督，因此大学的学习主要依靠学生的自主性来推动。如果学习的自主性不强，学生就会浪费大把的时间。另外，很多学生进入大学后就松懈了，错误地将通过期末考试当作唯一的学习目的，学习英语阅读的动力明显不足。如果阅读材料的篇幅过长，或者难度过大，学生就更加没有动力来完成阅读了。

（3）文化背景知识的缺乏

英汉文化差异相信已经被教师提过很多次了，但是学生需要真正认识到英汉文化差异的具体方面和具体情况。原版的英语文章都是以西方文化为背景来进行写作的，学生在进行阅读的时候需要转换思维。学生需要积累充足的西方文化知识，这样才不会给阅读带来障碍。如果不了解西方文化，英语阅读可能就无法连贯地进行。

（三）高校英语阅读教学的原则

1. 重视一般词汇教学原则

对于英语阅读而言，词汇是必不可少的组成部分，也是顺利进行阅读的基础。英语教师应该理解词汇在阅读理解中所扮演的角色。学生理解基础词汇，有助于他们在阅读上下文时猜测出一些低频词汇的含义。研究显示，那些经常阅读学术性文章的学生对术语应对的能力要明显强于应对一般词汇的能力。因此，学生如何积累一般的词汇是教师需要关注的问题。

在词汇积累教学中，单词网络图是比较好的方式。在英语阅读课堂上，教师可以给出一个核心概念词，然后让学生根据该词进行扩展，从而建构其他与之相关的词汇。需要指出的是，高频词教学在词汇积累中是非常重要的，其有必要被渗透在英语听、说、读、写、译教学之中，教师要在细节层面给予高频词更多的关注，这样才能便于学生顺利完成阅读，并根据这些高频词顺利猜测出陌生词的意义。

2. 激活背景知识原则

文化语境知识即所谓的背景知识，是读者在对某一语篇理解的过程中所具备的态度、价值观、对行为方式的期待、达到共同目标的方式等外部知识。在英语阅读教学中，背景知识是重要的组成部分，尤其是对母语为汉语的人来说，阅读那些源自汉语文化背景的著作要容易一些，但是阅读那些不同文化背景下的相关著作必然会遇到困难。要想对以英语文化为背景的语篇有深刻的理解，学生需要具备相关的文化语境图式，这样才能实现语篇与学生文化背景图式的吻合。读者的背景知识会对学生的阅读理解产生影响。其中，背景知识包含学生在阅读语篇过程中所应该具备的全部经历，包括教育经历、生活经历、母语知识、语法知识等。在英语阅读教学中，教师可以向学生讲解一些背景知识，让学生对其有一个基本了解，这样学生的阅读能力才能够大幅度提高。如果学生对所阅读的话题并不清楚，教师就需要建构语境来辅助学生的学习，从而启动整个阅读过程。

具体来说，教师在备课时要精心准备教材，弄清、弄透英语阅读教学中存在的文化语境空白，并对材料进行精心的选择，或者为学生提供某些线索，让学生通过一定的手段和方式处理语篇中涉及的文化背景知识。当然，课堂时间是有限的，学生不可能解决所有不熟悉文化背景知识的内容，这时候就需要教师充当建构新文化语境的工具。教师需要了解学生在自主学习中遇到的问题，帮助学生顺利理解所学的知识与材料。

3. 速度与流畅度结合原则

英语阅读教学存在一个严重的困难：虽然学生具备了阅读的能力，但是仍很难进行流畅的阅读。也就是说，当教师将更多的关注点放在学生阅读的准确性上时，教师会忽视学生阅读的流畅性。这就要求教师在阅读教学中应该找寻一个平衡点，不仅要帮助学生提高阅读的速度，还要保证学生阅读的流畅性，这是阅读教学培养速度的最终目的。一般来说，学生阅读的过程不应该被词汇识别干扰，而是应该花费更多的时间研读内容及语言背后的文化。要想提升阅读的速度，一个好的办法就是反复进行阅读。学生通过反复的阅读，直到实现速度与理解的结合。

4. 把握阅读教学关键原则

英语阅读教学应当与其他教学一样，教师会将更多的关注点放在教学检测结果之上，而阅读理解中的“理解”却常常被忽视。实际上，成功完成阅读的关键就在于完善与监控阅读理解。为了能够让学生学会理解，教师可以从学生的自我检测入手，并鼓励他们同教师探讨具体的理解策略，这是元认知与认知过程的紧密结合。例如，教师不应该在学生阅读完一篇文章之后，提问学生关于理解的问题，而是应该为学生示范如何进行理解。全体学生一起阅读、一起探讨，这样可便于每一位学生理解文章的内容。

（四）高校英语阅读教学中的跨文化因素

阅读过程常会涉及文化问题，如果不具备一定的文化知识、不了解英汉文化的差异，学生将很难有效进行阅读。可见，文化差异对英语阅读有着重要的影响，对高校英语阅读教学也有着一定的影响，以下就对此进行具体说明。

1. 历史文化差异对阅读教学的影响

每一个国家和民族在漫长的演变和发展中都形成了有着民族特色的历史文化，这些历史文化通常蕴含着丰富的文化底蕴。在阅读英语文章时，学生时常会因为不了解相关的历史文化而产生阅读障碍。

2. 思维模式差异对阅读教学的影响

不同的民族有着不同的思维模式，这种思维模式在语言中有着显著的体现，即表现为英汉语篇有着显著的差异。英语语篇属于演绎型语篇，往往开门见山，在文章的一开头就表明作者态度，随后再进行验证说明。汉语语篇属于归纳型语篇，往往是先摆事实、讲理由，最后得出结论，而且作者的主题思想比较隐蔽，需要学生边阅读边体会。这就使学生养成了精读的阅读习惯，在面对英语文章时不善于运用略读等技巧，进而影响阅读效率。

对此，教师在开展阅读教学时，应引导学生了解英汉思维的差异及这种差异对语篇阅读的影响，培养学生的英语思维，锻炼学生运用英语思维理解文章的能力。

3. 社会文化差异对阅读教学的影响

由群众创造的、具有民族特征的并对社会群体发挥作用的文化现象就是社会文化。社会文化的不同也对学生的英语阅读造成了一定的影响。例如，在“bread and butter”（生计，主要收入来源）这一短语中，“bread”的意思是“面包”，“butter”的意思是“黄油”。在西方，面包和黄油都是很日常的食物，是人们日常生活中不可缺少的，因此“bread and butter”在英语中就常被用来引申为“生计，主要收入来源”。学生如果不了解这一文化背景，在阅读中就会影响正确理解。

（五）跨文化视域下高校英语阅读教学的方法创新

1. 文化导入法

在阅读教学中导入相应的文化知识，能切实提高学生的阅读水平，还能培养学生的文化素养。

（1）介绍文化差异，激发学生阅读兴趣

在高校英语阅读教学中，教师可采用适当的方式方法来激发学生的阅读兴趣和热情，调动学生的积极性，使学生获得文化知识，提高阅读水平。其中，在阅读教学中进行英汉文化差异的介绍和分析，就是一种调动和培养学生学习兴趣的有效方法。此外，在教授外国文化知识的过程中，不断地向学生渗透历史地理、风土人情、日常生活等中国文化知识，也可以有效调动和培养学生的学习兴趣。

（2）培养学生的文化意识

为了切实提高学生的英语阅读水平，提高学生的阅读乐趣，教师有必要培养学生的文化意识。具体而言，限于课堂时间有限，教师可以充分利用课外时间，向学生推荐一些英语文学作品让学生在课下阅读。通过阅读英语文学作品，学生能切实感受西方文学和文化，并从中掌握词汇，习得语法，积累大量素材，从而养成良好的阅读习惯。

2. 阅读策略讲授法

（1）引导

引导过程的基本任务是确定学习目标，唤起学生的学习动机。一般包括以下教学内容：预习、解题、介绍有关资料、导入新课。在阅读实践中，教师可以将其全部运用，也可以只运用其中的若干项。

①预习。预习是学生学习的准备阶段。学生可以在课前预习，也可以在课堂上进行预习。②解题。课文标题相当于文章的“眼睛”，学生透过课题可以了解文章的内涵和特点，理解课文的纹理脉络。课文标题与文章内容的关系，或者是课文标题直接揭示主题，或者课文标题指示选材范围或对象，或者课文标题直接指示事件，或者课文标题隐含深刻寓意。③介绍有关资料。介绍有关资料是帮助学生深入学习和理解课文的基础，包括介绍作者生平、写作缘起、时代背景和社会影响等内容。介绍有关资料也应据课文特点和学生学情具体而定，可以对几个方面的内容都做介绍，也可以有选择地进行介绍。

（2）研读

研读过程是阅读的核心环节，主要是对课文的内容和形式做深入的研读和探讨。根据阅读活动的特点，研读过程一般分为三个阶段：感知阶段、分析阶段、综合阶段。感知阶段是对课文的整体认识，分析阶段是深入课文的具体认识，综合阶段是对课文的整体理解和把握。

①感知阶段。感知阶段一般包括以下四方面的内容：认识生字新词、课文通读、感知内容、质疑问难。②分析阶段。分析阶段是对课文内容和形式进行深入细致的具体分析研讨，主要包括文章结构分析、内容要素分析、写作技巧分析、语言特点分析、重难点分析。③综合阶段。综合阶段是在分析阶段的基础上进行的，是由局部到整体的概括过程、由现象到本质的抽象过程。综合阶段的教学任务一般包括概括中心思想、总结写作特点等。

（3）运用

运用过程的基本任务就是让学生把分析综合阶段中学得的知识应用于实践，

并将其转化为英语能力。转化的途径就是集中训练，一般采用听、说、读、写等多种方法进行，这是阅读的关键。

阅读过程中有多种矛盾，而核心的矛盾是学生认识与学习课文的矛盾，其他矛盾都从属并服从于这一矛盾。因此，学生应有效地认识、学习课文。

3. 阅读技巧介绍法

从横向上看，阅读的方式有朗读、默读、精读、略读、速读，相应地有阅读的技巧。

（1）朗读

朗读就是出声地读，是通过读出词语和句子的声音把诉诸视觉的文字语言转化为诉诸听觉的有声语言的一种阅读技巧。朗读有助于增强对语言的感受能力，从而加深读者对文章思想感情的体味理解；可以促进读者记忆，积累语言材料；有助于读者形成语感，提高口头和书面的表达能力。朗读训练的方式主要有：范读、领读、仿读、接替读、轮读、提问接读、齐读、小组读、个别读、散读、分角色读等。对读物可采取全篇读、分段读、重点读。

（2）默读

默读是指不出声的阅读，它通过视觉接受文字符号后，直接反射给大脑，可以立即进行译码、理解，因此默读又称“直接阅读”。一般说的阅读能力，实际多指默读能力，因为它在实际学习和生活中运用得最多。默读训练的要求：感知文字符号要正确，要注意字音、字形、词语的搭配、句子的排列；要讲究一定的速度，要学会抓重点；要在阅读中学会思考，并根据文章的内容，自己提出问题，解决问题。

根据默读训练的要求，默读训练可着重从以下三方面进行：第一，视觉功能的训练。主要是扩大视觉幅度的训练，增加一次辨认的字的数量，同时提高视觉接受文字符号的速度，减少眼停次数和回视次数。

第二，默读理解的训练。主要是要教会学生如何调动想象、联想、思维和记忆，以提升理解读物的内容深度和速度。

第三，默读习惯的训练。主要是帮助学生克服不良习惯，如出声读、唇读、喉读、指读、回读等；使学生养成良好的阅读习惯，如认真、专注、边读边思，边读边记等。良好的阅读习惯，能够提高阅读效率。

（3）精读

精读是逐字逐句深入钻研、咬文嚼字的一种阅读方式。

精读训练的基本要求：对读物从整体到部分、从部分到整体、从形式到内容、从内容到形式进行反复思考、深入理解；对于阅读材料中的关键词语或句子，要仔细推敲琢磨，不仅要理解其表层的意义，还要深入领会其言外之意、画外之象；要养成边阅读边思考、边阅读边做笔记的习惯，因为只有真正独立思考的主动的阅读活动，才是有效的阅读活动。

为了提高精读训练的有效性，教师在精读训练过程中，要提示精读的步骤和方法，给予适当的引导，使学生逐步练习，直到完全掌握精读技能、形成熟练的技巧与习惯。

精读训练可以有不同的步骤，各有侧重。具有代表性的精读步骤有以下三种。

三步阅读法：认读→理解→鉴赏。

五步阅读法：纵览→发问→阅读→记忆→复习。

六步自读法：认读→辨题→审题→问答→质疑→评析。

在实施阅读训练的过程中，不论哪一个步骤或环节，读者都需要运用良好的、合适的阅读方法才能保证精读的顺利完成。实际上，精读没有固定不变的步骤和方法，每个教师都可以根据自己的经验和学生的情况提出训练方案，同时鼓励学生在实际阅读和训练中，总结出符合个人阅读情况的步骤和方法。

（4）略读

略读是指粗知文本大意的一种阅读，是一种与精读相对的阅读方式。略读对文章的阅读理解要求较低，略读的特点是“提纲挈领”。它的优势在于快速捕捉信息，在于发挥人的知觉思维的作用，一般它与精读训练总是交叉进行的。

略读训练指导应注意：第一，要加强学生注意力的培养，提高其在大量的文字信息中捕捉必要信息的能力，纠正其漫不经心的阅读习惯；第二，拓宽学生视觉范围，通过训练提高其扫视速度；第三，着重训练阅读后，让学生用简练的语句迅速归纳材料的总体内容或概括中心意思；第四，要教给学生如何利用书目优选阅读书籍、利用序目了解读物全貌，如何寻找和利用参考书解决疑问，以及略读中如何根据不同文体抓略读要点等。

（5）速读

速读是指在有限的时间里，迅速抓住阅读要点和中心，或按要求捕捉读物中某一内容的一种阅读方式。速读的基本要求：使用默读的方式；扩大视觉范围，目光以词语、句子或行、段为单位移动，改变逐字逐句视读的习惯；高度集中注意力进行阅读；每读一遍都有明确的阅读目标；减少回读；从顺次阅读进入跳读。

速读方法的训练主要有：一是提问法，读前报出问题，限时阅读后，按问题检查效果；二是记要法，边读边记中心句、内容要点或主要人物和事件等，读后写出提要；三是跳读法，速读中迅速跳过已知的或次要的部分，迅速选取与阅读与目的相符的内容，着重阅读未知的、主要的或有疑问的地方；四是猜读法，即根据上文猜测下文的意思，或根据下文猜上文的意思，迅速猜测出意思的，不必刻意去读。当然，速读训练应注意根据学生的阅读基础和读物的难度规定速度的要求。

二、跨文化视域下的英语写作教学分析

（一）写作的定义

在英语中，“writing”这一单词对应的含义是“写作”，该词所表达的写作含义不仅可以表示写作的结果，还可以表示写作的具体过程。如果人们认为一篇文章写得比较出彩，那不仅意味着作者创造出了漂亮的文章，也意味着作者所创造的写作过程是非常完美的。对于写作者而言，写作过程的好坏将对写作结果带来直接的影响。关于写作的界定，中外学者都在自己研究的基础上提出了一些看法，下面来介绍一些比较典型且常见的看法。

写作是写作者利用书面语言来表达自身思想、与他人交流信息的过程集合，这一集合中需要写作者运用多方面的知识与技能，还需要写作者对意义与信息进行加工与传递，所以写作不仅是运用语言的一种手段，也是语言运用的一种目的表现。

（二）高校英语写作教学的现状

写作教学一直都是高校英语教学的重要部分，但随着教学改革的发展及社会需求的提高，高校英语写作教学也呈现出一定的问题，具体体现在以下两个方面。

1. 教师层面

（1）教学割裂情况严重

英语教学是个整体工程，英语写作整体教学也不是孤立存在的，它与阅读教学、听力教学、口语教学之间有着密切的关系。但在实际的教学过程中，教师并没有将它们联系在一起，而是孤立地进行写作教学，这样是很难提高写作教学的效率的。此外，写作涉及经济、历史、地理、文化等各个方面，因此英语写作与其他学科有着密切的联系。但在实际教学中，教师未能联系写作学习与其他学科的学习，也未能发挥各个学科之间的互促作用。这样会减少学生写作素材的来源，会限制学生视野的开阔，也会影响学生写作能力的培养。

（2）教学方法缺乏创新性

尽管目前的教学都倡导人文教育、素质教育，但应试教育现象依然存在。受此影响，在现在的英语写作课堂教学中，教师仍然采用传统的结果教学法教学，即在课上向学生提供不同类型的范文，稍加讲解之后要求学生参照范文模仿，并要求学生在规定的时间内利用课外时间完成写作任务，最后由教师进行批改和讲评。这种教学模式的重心是写作的结果，忽视了师生、生生之间的交流，以及写作过程对学生写作兴趣的激发和培养。久而久之，学生就会对写作产生厌倦情绪，其写作水平很难得到提高。

（3）课程设置缺乏合理性

目前，虽然很多高校的教师与学生都已经意识到了英语写作教学的重要性，然而英语写作课程在整体设置上仍然存在不合理之处。例如，很多院校都没有开设专门的英语写作课程，而只是将写作课融入其他技能教学中，这么做就会导致写作教学的时间得不到有效保障。另外，英语教师在教授英语课文时往往首先讲解词汇，然后分析课文、组织听力练习、组织阅读练习、完成课后作业，按照这一教学顺序，课堂时间已经所剩无几，教师根本没有充裕的时间来为学生讲解英语写作的理论知识并安排实践，这就导致英语写作课变成了可有可无的内容，对学生英语写作能力的提升而言是相当不利的。

2. 学生层面

“以学生为中心”和尊重学生的主体地位是现在教学改革大力提倡的观点。但在实际的写作教学中，教师对学生角色的定位并没有准确把握。在写作教学中，教师通常会先确定写作主题，然后向学生提供范文并加以分析，最后布置课外作业。可以看出，不论是主题的选择、课堂讲解还是任务的布置，基本都是教师决定，学生在整个过程中都处于被动地位。教师忽视学生的主观能动性，将很难激发学生的写作兴趣和积极性，也很难培养学生积极的写作态度，这对学生写作能力的培养十分不利。

（三）高校英语写作教学的原则

1. 恰当性原则

英语写作教学的恰当性是指写作任务的设计应该恰当。具体来说，写作任务需要具备两点特征：一是能够激发学生思想交流的需求，使学生有内容进行写作；二是对于学生语言能力提升有帮助，如增加词汇量、学习新句型等。这两点既是对写作方法的要求，也是对写作任务的设计要求。具体来说，如果教师要想设计出一个好的写作任务，那么所设计的写作任务要与学生的实际相符，让学生有充足的内容与经验来展开写作。同时，写作任务还需要符合学生实际的语言能力，这样学生才能完成写作，将理论知识运用到具体的实践之中。

2. 多样性原则

在英语写作教学中需要坚持多样性原则，这一点主要体现在训练方式与表达方式上。

从训练方式上说，教师应该采用多样化的方式，如可以通过扩写、仿写等办法训练学生的写作能力，同时教师应该把握好每一种方法的优缺点，让学生在多种方法下掌握适合自己的方法。

从表达方式上说，教师应该引导学生在写作中运用多种表达方式，这样的写作才是灵活的写作，这不仅可以对学生写作中的问题加以弥补，还可以提升学生的灵活运用技巧，并且这样写出来的文章才能更引起读者的注意。

3. 科学评价机制原则

教师对学生写作进行评价时，要注重对写作过程的评价，建立以学生为中心的评价体系。首先，教师要了解写作能力的基本评价标准，如标点符号的使用、单词拼写、语法运用、写作内容、表达的逻辑性与创造性等，这些都要被纳入评价范畴；其次，教师的评价应以激励为主，尽量采用描述性语言，不可直接批评学生；最后，对于学生习作中存在的问题，教师要帮助学生分析原因，并提出相应的解决方法。总之，教师要建立以学生为中心的评价体系，既要维护学生的自尊心，又要激发学生对英语写作的兴趣。

（四）高校英语写作教学中的跨文化因素

写作不仅是语言传递的过程，也是文化交际的过程，所以文化差异也会对写作及写作教学产生一定的影响。了解这种影响，教师能更好地开展写作教学，进而培养学生的文化差异意识和文化素养，为学生写作能力的培养奠定基础。

1. 话语表述差异对写作教学的影响

英汉思维有着显著的差异，而这种差异对英汉话语表述及写作也产生着重要的影响。具体而言，英语话语表述属于“主语—谓语”结构，汉语话语表述是“话题—说明”结构，由于话语表述方式的不同，很多学生常采用汉语话语表述方式来进行英语写作，也就是“中式英语”。针对这种情况，教师在写作教学中应引导学生了解英汉话语表述的差异，锻炼学生的英语思维，避免学生受母语迁移的负面影响，从而使学生写出地道的英语文章。

2. 词汇差异对写作教学的影响

词汇最能反映文化差异，表达相同概念的词汇在不同的文化中会具有不同的联想意义和文化内涵。我国有些学生在学习英语单词时，只记忆其基本含义，而不了解其内在的文化含义，因此在写作中时常会误用单词。针对这种情况，在高校英语写作教学中，教师应首先从词汇入手，让学生了解英汉词汇的差异，理解词汇的深层文化含义，改变中式英语，提升写作水平。

3. 语篇差异对写作教学的影响

在语篇方面，英汉语言也有着显著的差异，具体表现为英语语篇结构严谨，注重句子及段落之间的衔接与连贯；汉语语篇结构则较为松散，句子和段落之间主要靠意义来衔接。由于缺乏对英汉语篇结构差异的了解，很多学生在英语写作过程中常会出现表达跳跃、逻辑不严谨、缺乏连贯性等问题。对此，教师在写作教学中应重点向学生介绍英汉语篇的差异，提高学生的英语写作能力。

（五）跨文化视域下高校英语写作教学的方法创新

1. 文化知识积累法

在跨文化转型背景下，英语写作教学应该重视让学生积累丰富的文化知识，摆脱汉语负迁移作用对学生英语写作的影响。在日常的写作中，如果学生遇到难以理解的句子，他们往往会选择用汉语思维对句子进行组织，进而出现明显的语言错位，这就是受汉语负迁移作用的影响而导致的。

因此，在英语写作教学中，教师除了对学生的词汇、语法等语言知识进行训练之外，还需要训练他们的文化知识，避免学生出现负迁移的现象。同时，教师应该鼓励学生多进行阅读，让他们在阅读中挖掘文化知识，从而不断充实语言，使文章更加得体。

2. 阅读促写法

不论写什么题材或者体裁的文章，要想真正地打动读者，就必须言之有物。如果缺乏文化知识的积淀，那么这样的写作必然是单调与死板的。要想保证顺利展开跨文化交际，学生不能仅仅在自己的小圈子里自说自话，还应该从与他人沟通的角度来展开写作。当然，在这之前，学生需要阅读大量的文章，首先要充实自己，这样才能有话可写。

因此，在写作教学之前，教师可以让学生读一些相关的资料，通过收集与选择，将这些资料运用到自身的写作之中，提升自身的写作水平，培养自身的归纳与总结能力，从而写出与众不同的内容。

3. 文化导入法

文化知识的丰富对于学生的写作而言是非常重要的，所以在英语写作教学中，教师应适时导入文化知识，为学生写好文章奠定基础。

（1）在语言教学中融入文化教学

在高校英语写作教学中，教师可以融入文化教学，在培养学生语言知识的同时，丰富学生的文化知识，培养学生的文化意识。具体而言，教师在写作教学中可以向学生介绍一些相关的西方风土民情、思维模式、价值观念等背景知识，培养学生的文化敏感性，提高学生的文化素养，为提高学生的写作水平奠定基础。

（2）培养学生的英语思维模式

中国学生的英语写作往往体现着明显的汉语思维，其语言表达也是中式英语，而且重点不突出、结构不严谨等问题十分常见。为了改善这一状况，教师在写作教学中可以有针对性地锻炼学生的英语思维，并引导他们将英语思维运用于写作中，从而解决学生写作中出现的问题，改善学生的写作现状，提高学生的写作水平。

三、跨文化视域下的英语翻译教学分析

（一）高校英语翻译教学的现状

高校英语翻译教学存在的问题主要体现在以下两个方面。

1. 教师层面

（1）理论与实践脱节

翻译是具有实践性特征的一项语言技能，需要理论与实践的有机结合。对此，在高校英语翻译教学中，教师除了要传授学生基本的翻译知识与技巧之外，还需要带领学生不断参与到翻译实践中，在实践中验证学生对课堂的掌握情况。但是就目前来看，我国很多学校在翻译教学中都存在理论与实践脱节的现象，教师仅传授理论，导致学生学习了大量理论知识，但无法将其有效运用于交际实践。

（2）教师素质有待提升

教师要教书育人，首先自身素质要高，这样才能起到榜样的作用。目前，翻译教师的整体水平较低，很多教师翻译功底不足。在翻译教学中，很多教师也没有足够的经验，并未形成科学的规范的教学习惯，这对于翻译人才的培养是十分不利的。另外，很多教师也并非翻译专业出身，对翻译的基础知识掌握得并不透彻，因此很难有效地开展翻译教学，更不能有效培养学生的翻译能力。

2. 学生层面

（1）语言外能力不足

翻译涉及的内容和主题十分广泛，学生除了要具备翻译技能之外，还要具备语言外能力，即关于世界和特定领域的陈述性知识。具体而言，语言外能力包括源语文化知识和目标文化知识，也包括百科全书知识，还包括其他领域的学科知识。但大部分学生在语言外能力上有所欠缺，文化知识的翻译表现不佳。

（2）双语能力薄弱

翻译涉及两种语言的转换，所以学生要想有效进行翻译，就要具备双语能力。所谓双语能力，就是两种语言沟通所需要的程序知识，包括两种语言的语用、社会语言学、语篇、语法和词汇知识。在翻译文本中，双语能力主要体现为一定语境下的翻译能力，如连贯与衔接、语法差异等方面。但由于普遍缺乏语境知识，很多学生存在双语能力薄弱、译文连贯性不强、语法错误较多等问题。

（二）高校英语翻译教学的原则

在高校英语翻译教学中，教师要想取得良好的教学效果，必须遵循一定的原则，并在此基础上灵活采取各种教学方法。具体而言，应遵循以下 3 项原则。

1. 题材丰富原则

当今社会迫切需要实用型、综合型的翻译人才。因此，翻译练习的材料应该做到多样化和系统化，这样才能更好地满足社会对翻译人才的需求。教师在教学过程中要遵循题材丰富原则，让学生接触不同的文体，并进行有针对性的训练。具体来说，翻译的文体应该涵盖各种实用文体，如广告、新闻、法律、影视、科技、文学等。此外，教师需要注意，每一种文体的练习都不是孤立进行的，教师可以将学生翻译中的常见问题进行归纳与总结，如果某类翻译问题在某种文体练习中出现得比较多，那么教师要及时进行解决，帮助学生更顺利地进行翻译训练。

2. 循序渐进原则

翻译能力的提高不可能一蹴而就，而是要经历一个过程。相应地，翻译教学也不能操之过急，应遵循由浅入深、循序渐进的规律，所选的语篇练习也应该是先易后难，从而逐步帮助学生提高翻译能力。从篇章的内容来看，应该是从学生最熟悉的开始；从题材来看，应该从学生最了解的入手；从原文语言本身来看，应该是从浅显一点的渐渐到难一些的。这样由浅入深，学生对翻译会越来越有信心，兴趣也会逐渐增强，翻译技能也会相应得到提高。

3. 学以致用原则

学习翻译是为了将来进行交际，所以在翻译教学中教师要遵循学以致用原则，尽可能地为学生创造实践机会，如安排学生到翻译公司参与实际的翻译工作。翻译的好坏最终取决于译文读者的反馈，译作能否被接受要看是否符合客户的需求。这就决定了翻译教学不是封闭的，而是一门实践性很强的课程。因此，学生在正式从事翻译工作之前，进行一定的社会实践锻炼是非常有必要的，这有利于他们在毕业之后快速融入社会环境，以及更好地投入工作。

（三）跨文化视域下高校英语翻译教学的方法创新

基于跨文化交际视角，高校英语翻译教学在遵循科学教学原则的基础上，应优化教学方法，教师要采用创新的教学方法来提高教学效率，提升学生的翻译能力。

1. 翻译策略讲解法

翻译的进行需要相应的技巧来依托，所以教师在教学中应向学生传授各种翻译策略，帮助学生更好地处理翻译中的各种问题，避免产生错译或误译，确保翻译的有效进行。通常，翻译策略包括直译、意译、增减译等，这些翻译策略相对简单，因此这里不对此多做介绍，而是重点介绍文化翻译策略。文化翻译策略具体包含以下 3 种。

（1）归化策略

归化策略是以目的语为中心，主张用目的语来代替原文中相异于目的语的要素，从而确保译文通俗易懂的一种策略。在采用归化策略时，译者要以目的语读者为中心，采用自然流畅的本族语言进行翻译。这种翻译策略可使译文更加生动地道。例如，"The man is the black sheep of family."（害群之马）如果被直译为"那人是全家的黑羊"，会使人非常迷惑，但译为"害群之马"，其意思便十分明了。

采用归化策略进行翻译，可有效消除不同文化之间的隔阂，尤其是在目的语中找不到与原文相对应的表达时。

（2）异化策略

异化策略是指译者不打扰作者，而是让读者向作者靠拢，即译者对原语文化进行保留，并尽量向作者的表达贴近。受不同思维方式与文化背景的影响，不同民族对同一事物的认知存在明显的差异。译者在对具有丰富历史色彩的信息进行翻译时，应尽量保留其文化背景知识。采用异化法有助于传递原语文化，保留异国情调。

（3）归化与异化互补策略

归化策略与异化策略相互对应，二者均有自己使用的范围。但有时在翻译文本时，只采用一种翻译策略是很难译好文本的，译者还需要将两者互补并用，才能更好地进行翻译。

归化策略和异化策略二者并不矛盾，而是各具优势、相辅相成的。这就需要译者在翻译过程中，根据具体语境综合运用这两种翻译策略，从而使译文既保留本民族文化特色，又便于读者理解。

总体而言，随着高校英语教学改革的发展，文化教学开始融入英语教学，成为高校英语教学的一种发展趋势。对此，高校英语阅读、写作和翻译教学都应更新观念，转变视角，站在跨文化交际的视角下丰富教学内容，优化教学方法，从而培养学生的文化素养，提高学生的语言能力，促使学生成为优秀的跨文化交际者。

2. 文化导入法

在高校英语翻译教学中，导入文化是很有必要的，教师可以采用以下方法来丰富学生的文化知识，培养学生的文化意识，为学生翻译水平的提高奠定基础。

（1）比较法

在英语翻译教学中，教师可以采用比较法来进行文化教学。具体而言，就是教师在翻译教学中向学生解析英汉民族文化差异，将英语运用能力与跨文化能力结合起来进行培养，使学生同时掌握语言知识和文化知识，进而培养学生的跨文化意识和翻译实践能力。例如，在教授关于动物的翻译时，教师可以引导学生对比英汉动物的文化内涵差异，进而在丰富学生文化知识的同时，避免学生误译。

（2）课外补充法

课堂教学是学生接受知识的主要场所和途径，但毕竟课堂时间有限，加上翻译课的课时较少，因此学生很难通过课堂教学全面掌握翻译知识并进行翻译实践。但学生的课外时间相当充足，教师可以对此加以充分利用，引导学生在课外进行自主学习。具体而言，教师可以鼓励学生在课外阅读英美书籍，观看英美原声电影，或通过网络查阅与学习相关的资料等。这样不仅能培养学生自主探究的精神，还能提高学生的文化意识，培养学生的翻译能力。

3. 信息技术辅助法

（1）利用多媒体展开翻译课堂教学，增加英语习得

在高校英语翻译教学中，教师可以利用与教材配套的多媒体光盘辅助教学，不过，各个学校的多媒体设备资源配置不同，而且教材所配套的光盘往往在内容上缺乏系统性，所以教师需要酌情使用。对此，最好的方法就是教师可以根据教材内容自己动手制作课件，然后利用多媒体播放。多媒体课件的制作过程相对烦琐，需要依据具体的教学过程、教学内容、教学目标、教学媒体等进行，只有将这些条件融合在一起，并体现互动性原则，教师方能制作出优良的多媒体课件。当然，这样的课件对于学生翻译能力的提升也是大有裨益的，可以使不同层次的学生的翻译能力得到不同程度的提升。

在进行翻译教学活动之前，教师可以利用声音、图片、动画等教学辅助手段来激发学生的学习兴趣，使学生在学习过程中始终保持较好的兴趣，将枯燥的翻译理论变得生动、有趣。针对具体的教学过程，教师在其中不仅要教授学生英汉互译的技巧，还需要补充中西方文化背景知识，让学生对翻译理论形成一定的系统认知。虽然教师在翻译教学过程中所使用的教学模式相对陈旧，但在内容与形式上与传统的翻译教学已经大不相同。这种不同主要体现在如下方面：

①形式上不再是单调的板书形式，而是以媒体形式呈现，节约了大量时间。

②内容上是针对不同层次的学生展开的，在课堂上由教师指导和学生自主选择，这有利于改善课堂教学的氛围。

（2）利用网络培养学生的跨文化意识，教授学生文化翻译策略

在翻译过程中，学生经常会出现误译、错译等问题，其主要可以归结为英汉语言文化背景的差异较大。例如，在西方文化中，人们得到亲人的帮助后会说“Thank you!”，但在中国家庭，如果夫妻之间用这种方式表达感谢，会显得两人的关系比较疏远。可见，翻译不应仅仅完成语际转换，还必须充分了解其中涉及的文化内容。因此，在英语翻译教学中，教师应该注意对学生跨文化交际意识的培养，并教授学生一定的文化策略。在这方面，网络就可以起到很好的辅助作用。教师可以利用电脑与网络为学生播放一些有关西方文化的纪录片、电影等，从而帮助学生充分了解西方文化。

第四节 跨文化视域下的英语词汇与语法教学

一、跨文化视域下的英语词汇教学分析

（一）高校英语词汇教学的现状

1. 教师层面

（1）教学方法单一，脱离英语语境

词汇的掌握对英语语言学习的重要性是不言而喻的，但词汇的记忆和掌握的过程又是枯燥和困难的，这就需要教师来缓解这种情况，需要教师创新教学方法

来创设教学情境，营造教学氛围，激发学生学习的积极性和动力。但是就目前高校英语词汇教学的现状来看，教师并没有将心思花在教学方法的创新上，而是依然采用陈旧的教学方式，即教师领读单词、讲解词汇用法、学生记忆单词。基于这种课堂教学模式，学生的主体地位往往被忽视，学生只能被动地学习和记忆，其积极性根本无法调动起来，甚至还会产生抵触情绪。此外，教师在教学中对词汇的整体性认识不足，没能将词汇放到具体的句子或情境中，导致学生对一词多义理解不深，限制了学生综合能力的提升。

实际上，任何一种语言都产生于实际应用，学生要想掌握地道的语言，必须在相应的语境中体会语言的用法。例如，“玫瑰”（rose）这一词语在英汉文化中都象征着爱情和美好，除此之外，在中国常用“带刺的玫瑰”形容那些性格刚烈的女子，而英语中常用“under the rose”表示“要保守秘密”。英语中“rose”（玫瑰）的这一文化含义源自英国旧俗，如果在教学中不对此进行说明，学生很难理解和掌握其含义。实际上，很多教师只从词汇处着手，而未创设语境，这样很难让学生充分体会英语这门语言的魅力，也难以让学生更好地投入学习。教师在教学中应创设符合英语文化背景的语境，为学生营造一个英语交流环境，从而培养学生的英语思维，锻炼学生的词汇运用能力。

（2）教学效果不佳

词汇的学习和掌握要借助记忆来完成，但记忆是一个漫长的过程，如果学生不能在课后及时进行复习和巩固，其记住的单词往往会在短时间内忘记。在海量的词汇面前，学生常常会表现出畏惧感，并且由于缺乏高效的学习方式，加之教学方式方法呆板、枯燥，学生的学习热情不高。教师也未能为学生提供应用的机会，这样学生通过死记硬背方式记住的词汇很快就忘记，进而导致教学效果低下，学生的交际能力也会受到限制。

（3）忽视跨文化意识培养

很多英语词语意义深刻，蕴含着丰富的文化信息，这些词语称为“文化负载词”。但很多学生对这些文化负载词完全不了解，这种情况在很大程度上反映出部分教师在词汇教学中忽视了文化负载词部分，未有意识地运用跨文化意识来培养学生的词汇能力。具体而言，部分教师存在的问题体现在以下三个方面。

首先，对文化教学不够重视。这具体体现为：部分教师在备课环节的教学目标中没有文化意识目标；消极地跟随应试教育的脚步；学校很少组织与英语相关的活动。

其次，部分教师自身的文化素养不够。高校英语教师虽然具备了扎实的英语专业知识，但英语文化素养有所欠缺。作为学生的榜样，如果教师的文化素养不高，自然也就无法提高学生的文化素养。

最后，文化教学方法不当。教师文化教学的方法比较单一，基本上是讲授法、多媒体展示法等，部分教师只是在课堂教学中偶尔提到一些特殊词的文化背景，而很少有意识地渗透文化知识。这种教学方式导致学生只了解词汇的表面意义，而不理解词汇的深层文化内涵。

事实上，跨文化意识和词汇教学是相辅相成的，教师在词汇教学中融入文化知识，能够提升学生的词汇能力和跨文化意识，而词汇量的增加又能进一步帮助学生更好地理解西方文化，培养自身的跨文化意识。

2. 学生层面

（1）重知识记忆，轻思维锻炼

在词汇学习过程中，很多学生仅仅依靠死记硬背来记忆单词，这种方法并未将思维的锻炼融入进去，学生很快就会忘记。实际上，每一个单词都有应用的语境，只有在具体的语境中，这些单词才能保证准确性，因此学生在对词汇加以理解时需要从具体的语境出发，这样才能达到词汇学习的效果。

忽视英语思维的培养且在长久的汉语语境中熏陶下，会产生惯性思维，很多学生都习惯运用汉语的语言逻辑去理解、解释和使用英语，由于英语和汉语二者背后的文化与逻辑存在着差异和冲突，这种做法必然会影响学生对英语的有效运用。实际上，不论是英语还是其他语言，学生只有深入了解语言的内在逻辑，才能做到自如运用。英语思维的培养不是仅仅记忆单词或背诵句子技能完成的，还需要学生充分理解英汉语言背后的文化历史，这样才能做到掌握英语这门语言。

（2）语义内涵的理解程度差

我国学生是在汉语环境下学习英语的，所以在理解英语词汇的语义内涵时，会不同程度地受到汉语文化的影响，而英汉词汇之间的语义不对等现象会给学生的词汇理解带来困难。具体而言，学生在本民族文化传统的影响下会形成思维定式，在理解英语词汇时会出现文化语义的偏差。如果教师忽视词汇文化背景知识的输入，学生在理解英语词汇时就会出现偏差，甚至会在使用中产生误用问题。

（3）缺乏探究意识

一般来说，在大学阶段，学生应该主动地去学习词汇，但是在实际的英语词汇学习中，很多学生仍旧从教师那里获取，不寻找其他的获取渠道，这样的学习就是被动的学习。长此以往，学生对词汇掌握的量是不充分的。同时，学生不会去主动探究词汇，无法得知词汇文化的背景知识，这样的词汇学习会让学生逐渐缺乏兴趣和积极性。

（二）高校英语词汇教学的原则

高校英语词汇教学的开展应遵循一定的原则，这样可以使教学更加有效地进行，可以更好地培养学生词汇相关的跨文化交际能力。具体而言，高校英语词汇教学培养学生跨文化意识应遵循以下 3 项原则。

1. 联系文化原则

语言与文化密切相关，很多词汇都蕴含着丰富的文化，而且词汇学习的最终目的是进行跨文化交际，因此联系文化原则应是高校英语词汇教学遵循的一个重要原则。遵循联系文化原则是指，在高校英语词汇教学过程中，词义的讲解、结构的分析都应与文化相联系。充分理解语言文化，有助于加深对词汇的理解，有助于全面掌握词汇的演变规律及有效地运用词汇。

2. 词汇运用原则

学习词汇并非为了单纯记忆词汇，而是为了在交际过程中有效运用词汇，因此在高校英语词汇教学中，教师应遵循词汇运用原则。这一原则是指教学中教师不仅要讲授词汇知识，还要引导学生对词汇加以运用。具体而言，教师在教学中要设计符合学生学习特点的教学活动，让学生积极地参与教学互动，进而锻炼词汇运用能力。

3. 新潮性原则

在科技迅速发展的大数据时代，大学生有着开放的思想、新潮的想法，而且不论是学习还是生活，都与信息异常密切。对此，高校英语词汇教学应顺应社会的发展趋势和学生的需求，与时俱进，遵循新潮性原则。教师除了教授教材中的词语，还可以适时传授一些热门新词，如“selfie”（自拍）、“bestie”（闺蜜）等，这样学生就会切实感受到语言的鲜活性和发展性，其学习词汇的积极性也会随之提高。

（三）高校英语词汇教学中的跨文化因素

语言是文化的载体，文化影响着语言，二者密切相关。不同民族的文化有着区别于其他民族文化的特色，而这种差异也会在语言中表现出来，并对语言起着重要的影响作用。就英汉民族而言，二者有着不同的历史文化、生活环境等，由此产生的文化差异对彼此会产生一定的影响，进而会对英语词汇教学产生一定的影响。了解英汉文化差异及其对英语词汇教学产生的影响，可使教师和学生充分了解文化因素的重要性，进而有意识地进行文化教学和文化学习。

1. 词汇空缺层面的影响

不同民族的语言和文化不尽相同，反映在词汇层面就会形成不同的个性，即一个民族的词汇可能在另外一个民族是不存在的，这些词汇的概念与意义对于其他民族是非常陌生的，这就是所谓的“词汇空缺”。

2. 文化缺位与文化错位层面的影响

（1）文化缺位

“文化缺位”这一概念首先是由苏联著名的翻译理论家索罗金等人提出的。所谓“文化缺位”，即在不同民族之间所有事物、所有观念存在的空缺情况。人们在接受新的文化信息时，往往会将已有的旧文化认知激活，从而构建对新文化信息的理解与把握。不同的民族，他们的文化认知也必然存在差异，正是这种差异的存在，导致文化缺位的产生。文化缺位具有如下特点。

①不理解性。文化缺位的第一大特点就是不理解性。在英语语言中，这种现象是非常常见的，且名词数、格、时态等也都是有着深层的意义，但是这很难被汉语民族理解。

②不习惯性。文化缺位的第二大特点就是不习惯性，即两种语言在语法、词汇层面存在差异。同时，两种语言在引发联想、对事物的区分上存在明显的不同，因此这种现象又被称为“异域性”。其在对事物的认知与表达层面体现得尤为明显。

例如，英语中“aunt”一词是大家熟知的，很多人也知道其既可以代表“阿姨”，也可以代表“舅妈”“伯母”等。但是，在汉语中，由于中国人等级划分非常鲜明，上述现象很容易让中国人不理解、不习惯。

③陌生性。文化缺位的第三大特点是陌生性，即两种语言在修辞、表达、搭配等层面产生的联想与情感不同。

④误读性。当不同文化在摩擦与接触中，文化之间出现误读的情况是非常常见的。也就是说，对于一种文化中的现象，另一种文化中的人们会采用自身的思维对其进行解读，很容易出现不确定情况或误读情况。

（2）文化错位

所谓文化错位，即人们对同一文化事物、同一文化现象产生的内涵解读与认知联想上的错位。文化错位现象常常在不同的文化圈内发生。一般来说，一个文化圈的人只对本圈的事物有一定的认知，而对其他文化圈的事物不了解或者缺乏认知，这样导致在跨文化交际的过程中，人们习惯用本圈的认知对其他文化圈的事物加以判断，从而产生文化错位。

同一文化事物、同一文化现象在不同的文化圈里会有不同的指称形式，也可能会产生不同的联想。即便处于同一种语言中，虽然读音相同、词语文字相近，其内涵意义也可能存在某些差异，这就是文化错位的表现。

①指称错位。

每一个民族，其对事物的分类标准都有各自的特征，都习惯用自己熟悉的事物对其他事物进行指称。

指称错位即在不同的文化环境下，同一事物、同一现象在语言上的指称概念存在错位性差异。当然，造成这一错位性差异的因素有很多，如历史差异、地域差异等。这些差异导致有些词汇的表面意义相同，但是实质含义不同；或者指称含义相同，但是表达形式不同；或者表达形式相同，但指称含义不同。

②情感错位。

所谓情感错位，即在不同的文化背景下，人们对同一事物、同一现象所赋予的情感会存在错位现象。不同民族，其情感倾向可能是不同的，这就有可能造成情感错位。一般来说，情感错位包含如下两点。

第一，是宏观情感错位。基于哲学的背景，中西方国家对同样的事物的情感倾向会存在明显差异，因此价值判断具有差异性。中国人往往比较注重共性，比较内敛；相比之下，西方人注重个性，比较直接。因此，在跨文化交际的过程中，会出现宏观情感的错位。

不论是在英语中，还是在汉语中，表达感谢的言语行为是十分常见的，但是所使用的频次与场合却存在明显差异。西方人不仅对同事、上司、陌生人的帮助表达深深的感谢，对那些关系亲密的朋友、亲属也会表达谢意。例如，丈夫给妻子冲一杯咖啡，妻子会表达感谢；儿子给爸爸拿一份报纸，爸爸也会表达感谢等。与之相比，在中国人看来，亲属之间表达感谢会让人觉得很见外。另外，对他人给予的夸奖或者关心，西方人都会表达感谢。

第二，是微观情感错位。微观情感错位是人们对具体事物的情感倾向的错位。中西方文化在很多层面存在差异性，这导致英汉两种语言也各具特色，表达形式纷繁复杂。其中，颜色词、数字词等所蕴含的象征意义就是中西文化差异的一种明显的表现。这些在前面章节已经做了论述，这里就不再多加赘述。

（四）跨文化视域下高校英语词汇教学的方法创新

目前，英语词汇教学存在着诸多问题，教学现状并不佳。对此，为了切实提高英语词汇教学的效果、提升学生的词汇水平、培养学生的跨文化意识，教师需要在遵循基本教学原则的基础上，对教学方法进行优化，即选用新颖有效的方法开展教学。

1. 集中培训法

集中培训是在特定的时间内，将词汇学习方法作为课堂教学的中心内容，旨在让学生形成正确的词汇学习观念，获得适当的词汇学习方法。集中培训可以是一次完成，将时间控制在两周以内，然后在后续的教学中不断提供机会让学生运用词汇学习方法；也可以是分几次完成，可以根据观念与方法的分类，结合教学安排，在学期的不同阶段抽出专门的时间对学生进行方法培训。具体来讲，可以按照以下 8 个步骤进行。

①制订培训计划。首先制订词汇学习方法培训计划，明确培训目标、训练时间安排、训练内容、训练步骤和具体训练任务。

②方法调查。在培训开始之前，通过问卷调查的方式了解学生目前的词汇学习观念和词汇方法的使用情况，以便更有针对性地开展方法培训。

③小组研讨。将学生分成若干小组，让学生结合问卷上的内容和自己的学习

经验，在小组内介绍与讨论自己词汇学习的观念和常用的词汇学习方法。然后，每个组选一个代表向全班同学汇报各自小组讨论的情况。

④修订培训计划。根据问卷调查和学生小组研讨的结果，修订词汇学习方法培训计划。

⑤教师讲解。教师结合学生问卷回答和小组研讨的情况，向学生阐述词汇学习方法的重要性和必要性，示范讲解如何调控和使用词汇学习方法。

⑥小组合作学习。学生们在小组内合作完成教师布置的方法学习任务，练习使用各种词汇学习方法，尤其要注意新的方法。在练习之后，学生可以一起研讨方法的有效性，对使用方法的情况开展自我评价和同伴评价。教师可以有意识地鼓励学生自己设计词汇学习方法练习活动，最大限度地发挥学生的主动性。

⑦训中与训后问卷调查。依据时间的充足程度，教师可以在培训中期或培训结束时再做一次问卷调查，以观察培训效果和学生词汇学习方法使用的变化情况。

⑧实际运用。教师在课堂教学中，要有意识地引导学生运用所学的方法处理遇到的各种词汇问题，拓展词汇的广度与深度，使其逐渐形成适合自己的词汇学习方法系统。

2. 词源分析法

这一方法主要适用于英语词汇中的一些典故词汇。在英语词汇中，有很多词汇是从典故中来的，因此其文化内涵非常丰富，学生很难从字面上去理解与把握，必须借助词源展开分析。不论对于中国人还是西方人来讲，在口语或者书面语中都会运用一些典故、传说等，因此对于这类词汇的教学是非常重要的。例如，“man Friday”（星期五）这一词就是源自《鲁滨逊漂流记》，其含义并不是“男人星期五”，而是“得力的助手”；“an Uncle Tom”（汤姆叔叔）这一词汇源自《汤姆叔叔》，其含义并不是“一名汤姆叔叔”，而是指逆来顺受、宁愿承受侮辱也不反抗的人。

3. 讲授文化知识法

在词汇教学中，教师可以采用教授法开展文化教学，即教师直接向学生展示文化承载词的分类及内涵等，同时通过图像声音结合的方式列举生动的例子加以证明，直观地培养学生对文化的兴趣。只有熟悉了英语文化，学生才能透彻地了解英语词汇。学生学习语言时不能只单纯地学习语音、词汇和语法，还要接触和探索这种语言背后的文化，在语言和文化的双重作用下，才能真正掌握英语这门语言。采用直接讲授法讲授文化，既省事又有效率。而且这些文化不受时空的限制，方便学生查找和自学。

4. 创设文化情境法

语言只有在语境中才能焕发生机与活力，单独去看某个词语很难在其中发现个中韵味，但是一经组合和运用，语言便有了生命力。因此，教师应创设信息丰富的情境，为学生提供真实的语言环境和大量的语言输入，使学生在逼真的语境中学习英语，给学生提供学习和运用词汇的机会。教师可以设计一些活动，如组织学生观看电影，然后指导学生进行角色扮演，让学生经历真实的跨文化交际情景，培养学生的跨文化交际能力。

除了组织跨文化交际活动之外，教师还可以组织一些课外活动，让学生切实感受英语文化，扩大学生的词汇文化资源，培养学生的跨文化交际能力。

二、跨文化视域下的英语语法教学分析

（一）高校英语语法教学的现状

1. 教师层面

（1）语法教学弃而不教或边缘化

高校英语教学一直都在不断变革，教学内容随之也不断改变，而随着 2004 年《大学英语课程教学要求》的颁布，高校英语语法教学内容退出了高校英语教材，此后高校英语语法处于弃而不教或边缘化的状态。这具体体现在两个方面：首先，教材中没有了语法内容，教师便失去了教授语法的依据和大纲，学生也将无法系统地获取语法知识；其次，课时安排不合理，高校英语教学中多是精读课与泛读课，没有相应的语法课，即使教师讲解语法知识，也是零星的和碎片化的。实际上，语法对于英语语言的学习是至关重要的，语法贯穿于英语学习的始终，对英语综合能力的提升起着重要作用，所以教师不应忽视语法教学，而应积极开展语法教学，丰富学生的语法知识，提高学生的语法能力，为提升学生的英语综合应用能力打好基础。

（2）教学不够系统

当前，很多教师教授语法知识都是从教材中来的，虽然遵循了由简单到复杂

的原则，但是缺乏对语法系统性的讲授。这就导致很多学生虽然熟悉个别的语法条目，但是并不清楚整体的语法概念。如果让学生回答在英语语法中到底有多少时态、语态、词类等，学生很难清楚地回答出来。也就是说，学生对语法系统并未有完善的把握和认识，其学到的语法条目都是孤立的，很难形成一个系统的网络，这对于学生理解语法现象、内化语法知识是非常不利的。

（3）教学方式单一

英语语法知识繁多，学习起来十分枯燥，因此很多学生都对语法学习缺乏兴趣。想要改善这种现状，就需要教师创新教学方法，增添语法学习的乐趣，激发学生学习的积极性。但是，当前的高校英语语法教学并不乐观，教师依旧采用陈旧的方式展开，占据课堂的主体，学生处于被动的学习地位，这样不仅与教育理念不符，也不利于学生的学习，很难发挥学生的主观能动性。

2. 学生层面

（1）语法意识薄弱

大学生在中学阶段已经进行了很长时间的语法学习，因此多数学生认为到了大学阶段就没有必要重点学习语法了。实际上，尽管到大学阶段，语法依然是英语学习的重要内容，因为不掌握丰富和准确的语法，是不可能准确、流利地进行交际的。

（2）惧怕课外阅读

学生不仅需要在课上学习英语语法，还需要在课下对其加以运用，这是帮助学生记忆与巩固语法知识的最好办法，因此课外的学习对于学生学习英语非常重要。但就目前来讲，学生在课堂上学习的是英语，但是在课下学习的是汉语，这样导致课上与课下完全分开。要想解决这一问题，学生需要多进行课外的阅读，不断提升自身的阅读量。但是，很多学生认为自己语法基础薄弱，看不懂长难句，因此惧怕阅读，这导致他们的英语学习缺乏动力。

（3）缺乏有效的学习方法

部分学生的语法学习的效率非常低，其中一个原因是掌握的学习方法不正确，使得其语法知识的掌握较为松散，不能成为一个系统。在语法学习中，学生往往比较被动，通常是遇到新的问题之后才会回去学习语法知识，而当他们学习完一篇文章之后，又会把语法学习抛之脑后，这样的学习是很难提升学生的语法能力的。

（二）高校英语语法教学的原则

1. 以学生为中心原则

新课程教学理念提倡以学生为中心开展教学，即教学活动要以学生为主体，紧紧围绕学生来开展。这一教学理念也适用于高校英语语法教学。在高校英语教学中，教师应更新教学理念，认识到学生的主体地位，将学生放在教学的中心位置，有效激发学生的学习兴趣，鼓励学生积极参与教学活动，引导学生自主发展、学习和掌握语法规律，培养学生的语法能力。

2. 综合性原则

综合性原则是指高校英语语法教学要采取恰当的教学方式，具体体现在以下3个方面。

（1）归纳教学和演绎教学相结合

这两种教学方式各有所长，教师在语法教学中要根据具体的内容，将二者有机结合，以归纳为主、演绎为辅。

（2）隐性教学与显性教学相结合

隐性语法教学在教学要求中避免直接谈论所学的语法规则，主要通过情景让学生体验语言，让学生通过对语言的交际性运用归纳出语法规则。显性语法教学侧重在教学中直接谈论语法规则，语法教学目的直接、明显。首先，根据学生的生理、心理特点，教师应尽可能避免机械、反复的语法识记和练习，应注重让学生在一个有意义的情景中感知、理解所教语法项目；其次，教师要为学生创设生动有趣的情景，让学生在交际活动中模仿、操练、巩固语法知识；最后，在学生理解并运用的基础上，教师要帮助学生总结归纳语法规则。语法教学应以隐性教学为主，适当采用显性教学，这样能激发学生学习语法的兴趣，帮助学生增强语法意识，培养其语言使用能力。

（3）寓语法教学于听、说、读、写教学之中

学生的听、说、读、写四大基本技能的培养离不开语法，语法是为这些技能服务的。所以教师要把语法教学贯穿在听、说、读、写教学之中，使语法真正服务于交际。

3. 实践性原则

传统的高校英语语法教学只重视知识传授，不重视技能培养，忽视语法的交

际功能。教师要明确英语语法教学只是培养语言实践能力的桥梁，其目的是更好地培养学生听、说、读、写语言实践能力，进而让学生用英语进行交际。因此，语法教学必须突出其实践性原则。

行为主义学习理论认为，外语学习基本上是一个形成习惯的过程。其他流派也从不同角度提出了练习在培养言语能力中的作用。高校英语语法主要出现在单词、句型、文章中，教师在语法教学中必须以多种方式对学生所掌握的语言知识进行实践练习，根据具体情况适当点拨，让学生在精读多练的基础上，熟练掌握语法知识，形成语感，从而建立一套新的语言习惯。

4. 交际性原则

在高校英语语法教学中，教师应遵循交际性原则，即恰当地运用多媒体设计课堂教学，创设合理的语言交际环境，使语言交际环境符合实际环境，从而帮助学生更好地掌握语法知识，提升交际能力。提高学生成绩并不是语法教学的最终目的，对语法知识加以使用才是语法教学的本质，所以语法教学应结合实际生活，培养学生的语法思维，提升学生的听、说、读、写能力，提高学生的语言交际能力。

5. 文化关联原则

语法作为语言的内部规律，与文化有着密切的联系，它蕴含和反映着丰富的文化信息。对此，在高校英语语法教学中，教师应重视文化因素对学生语法学习的影响，并有意识地进行文化教学，创设英语语言环境，从而丰富学生的文化知识，切实提高学生的语法能力和语言交际能力。

（三）高校英语语法教学中的跨文化因素

语言与文化密切相关，文化差异在语言中有着集中的体现，一方面体现在词汇上，另一方面则体现在语法上。文化差异对高校英语语法教学有着显著的影响，而了解这种影响，对明确高校英语语法教学的目标、改善高校英语语法教学的现状具有重要意义。

1. 思维模式层面的影响

不同的民族，其思维模式也不相同，这种差异也会在语言中有所体现。英汉民族的思维方式在语法上体现为英汉语法差异，具体表现是英语是形合语言，汉语是意合语言。

形合又称“显性”，是指借助语言形式，主要利用词汇手段和形态手段，实现词语或句子的连接；意合又称“隐性”，是指不借助语言形式，而借助词语或句子所含意义的逻辑联系来实现语篇内部的连接。形合注重语言形式上的对应，意合注重行为意义上的连贯。形合和意合是使用于各种语言的连接手段，但因语言的性质不同，人们所选用的方式也就不同。

英语属于形合语言，其有着丰富的形态变化，语法规则众多，力求用内涵比较丰富的语法范畴来概括一定的语法意义，对句法形式要求严格。

英语句子多使用外显的组合手段，因此句子中的语法关系清晰有序。但汉语句子多用隐性的手段，语法关系并不那么清晰，如“知彼知己，百战不殆；不知己而知彼，一胜一负；不知己不知彼，每战必殆。”[①] 这句古汉语就足以体现汉语意合的特点。汉语属于语义型语言，受传统哲学和美学思想的影响，具备注重隐含关系、内在关系、模糊关系的语言结构特点。所以，汉语主要靠词序和语义关系来表现句法关系，并不刻意强求语法形式的完整，只求达意即可。

具体而言，受思维模式的影响，英汉语法之间的差异体现在以下三个方面。

第一，汉语句子注重达意，英语句子注重形式上的联系。例如，“已经晚了，我们回去吧。”这句话用英语表达是“Let’s go home，as it is late.”为符合英语的表达习惯，英文表达添加了相应的连接词。

第二，英语主要借助词形的变化来组句，汉语则主要借助词序和词在句中的作用及句子的意思来组句。

第三，英语倒装句多，汉语相对较少。为了表示强调，英语句子常将助动词放在主语前面，或者是没有助动词的情况下，在主语前面加“do”“does”或“did”，形成倒装句。汉语表示强调就相对简单，有时将宾语提前，一般是不改变词序并增加某些具有强调意义的词。

总体来讲，思维模式的差异反映了汉文化的综合整体与英文化的分析细节的思维方式的不同。在具体的高校英语语法教学中，教师应引导学生充分了解文化差异对语法的影响，同时向学生输入相关的文化因素，使学生切实了解英汉语法的异同，进而提高学生的语法能力。

① 夏于全．读老子：通人情懂世故 [M]. 北京：企业管理出版社，2006：114.

2. 语序因素层面的影响

语序指的就是词在短语或者句子中线性的排列顺序。语法语序就是表现语法关系的语序。例如，汉英都有并列式的合成词，尽管并列式都是由同等成分构成的，但是两者仍然存在较大差别。英语叙述说明事物时，习惯于从小到大、从特殊到一般、从个体到整体、先低级再高级；汉语叙述说明事物的顺序则是从大到小、从一般到特殊、从整体到个体。此外，英汉语言中出现多个定语和多个状语时，定语和状语的排列顺序也是有差别的，这些实际上都源于文化的差异。因此，在高校英语语法教学中，教师应注重培养学生的文化素养，进而促进学生语法能力的提升。

（四）跨文化视域下高校英语语法教学的方法创新

1. 文化对比法

文化对于语法教学影响深远，因此教师可以采用文化对比的方法展开教学，让学生不断对英汉语法的差异有所熟悉，培养他们的跨文化交际意识与能力。

众所周知，我国学生是在母语环境下学习英语的，因此他们不知不觉地会使用母语思维方式来分析英语，这对于英语学习而言是非常不利的，甚至在组织语言时也掺加了汉语的成分。基于这样的情境，英语教师就需要从学生的学习规律出发，展开对比教学，使学生不断认识到英汉语法的差异，这样便能在发挥汉语学习正迁移的前提下，使学生掌握具体的英语语法知识。

2. 三维教学法

在具体教学过程中，英语教师都倾向于两种教学方法，一种是注重语言形式或语言分析的教学方法，另一种是注重语言运用的教学方法。这两种方法各有侧重，但实践证明，将两种方法结合起来才会更加有效。从交际角度而言，语法结构也不仅有句法的形式，我们还可以运用具体的语言环境来表达语义，可以将这三个方面表述为形式、意义和用法。美国语法专家拉森·弗里曼（Larsen–Freeman）提出了基于语言形式、语言意义、语言使用三个维度上的三维教学法，强调要将语言的形式意义和用法有机结合起来。

三维教学法包含五个步骤：热身运动、发现语法、学习形式、理解意义、应用语法。

热身运动是对上一课堂要点的复习，然后通过一些参与性活动，如听歌、表演、竞赛等形式，让学生对新的内容有所了解，调动学生的背景知识，激发学生的求知欲望。

发现语法是指学生通过教师讲解和引导，再感知和发现语法现象。

学习形式是指学生在发现语法的基础上，以语法结构的形式总结出语法规则。在课堂教学中，这部分内容表现为回归课文阅读文章，并通过阅读文章找出类似的形式和结构。这一阶段过后，学生能够为下一步理解操练规则做好准备。

理解意义是指教师设计以意义理解为主的活动，从而促进学生对语法项目的理解，为语法的应用奠定基础。

应用语法是指教师为帮助学生掌握语法规则、提高其语法应用能力所设计的语篇意识强、交际性好、能够促进思维发展的活动或任务。

在具体的教学过程中，教师可以根据具体的教学情况对上述五个步骤进行调整。

3. 翻转课堂语法教学法

翻转课堂也是随着信息技术的发展而产生的一种新型教学模式，将该教学模式运用于高校英语语法教学，可有效调动学生学习语法的兴趣，提升学生的自主学习能力，提高学生的独立思考能力，进而培养学生的语法能力。翻转课堂这种教学模式不再以教师为中心，而是以学生为中心，教师只是起到辅助作用，学生是教学环节的重点，师生之间处于多维互动的状态。

（1）提升微课制作水平，借鉴网络教育资源

相较于传统的语法教学模式，翻转课堂最大的特点在于以视频微课代替了“黑板 + 粉笔”的教学方式。但对于已经习惯了传统教学模式的英语教师来说，他们很难在短时间内适应视频微课这种形式。首先，教师要熟练掌握微课的制作技术，学习如何灵活运用各种制作软件；其次，要重视视频微课内容的整合与加工，在内容选择上要选择课本语法知识，并借鉴网络上优质的教育资源制作短小精致、内容丰富的数字化课程资源。

（2）拓宽师生互动渠道，确保语法教学效果

制作视频微课是翻转课堂语法教学的前提，后期的检查、实施和监督是更加重要的部分，因此师生之间应保持多维互动。首先，教师要指导学生观看视频微

课，并对学生的学习内容和时间进行规划，把握学生学习的进度；其次，教师要利用社交软件建立 QQ 群和微信群等，加强与学生线上线下的互动，对学生在自主学习中遇到的问题及时进行解答，促进师生和生生之间的讨论，促进学生对英语语法知识的消化和吸收。

（3）关注语法难点，提升教师答疑解惑的能力

基于翻转课堂，教师可将制作好的视频微课上传到网络平台，让学生自行下载，并在固定时间内完成自主学习，其间遇到的语法知识难点，除了学习小组讨论之外，更多由教师在课堂上统一解答或个别辅导。英语教师应不断充实自身的语法知识储备，提升自己的语法能力，从而更好地解答学生的疑难问题。

（4）开展差异化教学辅导，促进学生自主学习

在翻转课堂教学模式下，教师要更新教学理念，改变传统的教学模式，主动融入和参与学生学习的各个环节，成为学生学习的指导者和监督者。不同学生之间存在着巨大的差异，有着不同的基础水平和认知结构，因此，教师需要采用不同的辅导方式来对不同层次的学生加以辅导，特别是对那些自律性不强的学生，更要采取有效方式来加以辅导，以促进他们进行自主学习。

（5）重视教学评价，建立激励机制

翻转课堂语法教学注重学生的自主学习。为了掌握学生自主学习的频率及参与程度，并确保翻转课堂教学的效果，对学生进行考核评价就显得十分必要，而且这种考核要贯穿于课堂教学的全过程，并且评价形式要多样，包括学生自我评价、小组评价、教师评价等多种考核评价形式。这种全方位的考核评价机制有利于教师掌握学生对语法教学的参与度和配合度，便于教师了解学生对语法知识的掌握程度，还对学生有着正向的激励作用。

总体而言，在文化全球化时代背景下，英语词汇和语法教学应紧跟社会和教学改革发展的趋势，结合文化开展教学，即在教授词汇和语法知识的同时，融入英语文化知识，进而培养学生的文化素养，提高学生的综合能力及运用词汇和语法知识进行跨文化交际的能力。与此同时，教师要持有客观的态度，不能一味地导入英语文化，还应传授汉语文化知识，树立学生的文化自信，使学生能够运用所学知识来传播中国文化。

第五节 跨文化视域下的英语网络技术教学

一、网络技术与高校英语教学的结合

（一）高校英语教学的信息化

当前，世界社会形态日益显现出来，加之当今社会人们的地位是由信息资本决定的，这就要求人们要不断努力获取生存的信息资本。英语作为一门国际性通用语言，是人们获取生存信息资本的一个重要手段与工具，同时对英语的掌握是人们的必备素质之一。因此，越来越多的人开始采用各种手段与方式学习英语。为了与学生的英语学习需求相符，很多共享开放的网络资源平台先后出现，慕课、微课、翻转课堂教学模式也应运而生。学生及其他学习英语的人不能局限于固定课堂与教材上，还可以借助多元的手段进行学习。21 世纪的英语教育形式正在向个性化、随时随地的层面转型，英语教学的信息化革命正在悄然进行。

1. 信息技术教育

很多学者认为，信息技术教育应该分为古代信息技术教育、近代信息技术教育、现代信息技术教育，或分为传统信息技术教育和现代信息技术教育，这样的划分实际上是不规范的，不能以明确的时代划分作为对信息技术教育的界定标准。有学者指出，信息技术教育作为一个新兴学科，其发展起来也是近几十年的事情，现代教育理论和现代科技成果是信息技术教育得以发展的重要基础，所以不能以传统和现代为标准来划分教育技术。

但随着信息时代的到来以及信息技术的高速发展，人们已经普遍接受了“信息技术教育”一词。我国信息技术教育学术界指出，现代的信息技术教育指的是以现代信息技术为核心技术、在现代教育思想和方法及学习心理学成果的指导下进行的教育技术研究与实践活动。在信息技术教育还没有大量出现之前，信息技术教育的发展主要依赖教育理论与媒体技术，当时产生的信息技术教育与现代信息技术教育是有所区别的。可见，信息技术教育的内涵与信息化、信息技术、信息时代密切相关。

（1）以信息技术为主要依托

从本质上说，教育的过程是由信息的产生、选择、存储、传输、转换及分配等一系列环节组成的系统工程。在这个工程中所采用的多媒体技术、电子技术、信息处理技术、网络通信技术等各种先进技术都属于信息技术。在教育中引进这些信息技术，可使信息传播速度更快、教学效率更高。当今社会，知识迅速增长，在这个环境下，教学效率备受重视，提高教学质量首先需要提高教学效率。

（2）强调以学生为中心

以学生为中心是信息技术教育学科强调的一个重要观点。具体表现如下。

首先，在确定教育目标时，要使社会的要求、学生的需求都得到满足，鼓励学生发展的多样化。

其次，在选择教育内容时，要以学生需要学和适合学的内容为主。

再次，在选择教育方法时，要鼓励学生自主学习和小组合作学习，培养学生的合作能力、团结意识、人际交往能力等非认知技能，使其更好地适应生活。

最后，在安排教育形式时，要以灵活的形式为主，与学生的学习、生活相协调，巩固终身教育的地位。

（3）使教育资源的配置更加合理

多媒体技术与计算机网络的普及使社会成为一个密不可分的整体，学生可从自身的学习目的、学习需求出发，对学校、课程及教师进行自由选择。学校之间、学校与社会之间逐渐失去了明确的界线，社会教育资源将因学生的需求而合理分配，人为因素的影响会越来越弱，社会人力、物力、财力等资源将会得到更加充分的运用。

2. 信息技术教育的研究范畴

信息技术教育的研究内容是控制与分析研究对象，具体包括以下 5 个方面。

（1）学习过程和学习资源的设计

在相关理论（教学理论、媒体传播、学习心理等）的指导下，完整而详细地设计教学系统，以达到预期的学习目标。这个过程包括多个环节，如分析学生、学习目标、学习内容，选择教学媒体、教学策略、评价学习效果等。在教学设计中，这是一个非常重要的组成部分，也是比较独立的研究方向。

（2）学习过程和学习资源的开发

信息技术教育研究在教学过程中如何有效应用各种教学模式、媒体技术，这也是用实践数据支持理论发展的过程，并不是仅仅采用某种媒体技术对教学产品进行制作就能完成对学习过程与资源的开发，更重要的是要从实践上改进整个教学系统。

（3）学习过程和学习资源的利用

信息技术教育研究如何对源源不断的新技术、最新学科成果及相关信息资源进行利用与传播。

（4）学习过程和学习资源的管理

信息技术教育研究如何规划、组织及调控学习过程和优化整合学习资源。管理对象包括信息与资源、教学系统、教学研究等。优化教学效果离不开科学管理。

（5）学习过程和学习资源的评价

信息技术教育研究如何评价整个教学系统的运行状态及运行效率。它既要评价单一环节或因素，又要评价整个系统，并将形成性评价与总结性评价结合起来，从多角度、多种方式进行科学评价，完善评价体系，从而更有效地改进教学系统研究。

以上分别解释了信息技术教育各部分的内涵，各部分之间相互联系，相辅相成，而非绝对孤立与封闭。在教育实践中，各部分经常是结合在一起出现的，如设计与开发的结合、开发与利用的结合、设计与评价的结合、利用与管理的结合等。可以说，信息技术教育是为了实现最优化的教学效果，而在综合运用相关理论与技术的过程中对各教学系统的研究和实践。

从学科属性来看，信息技术教育属于教育学科的范畴，但具有交叉性、综合性等鲜明特征的教育技术又不仅仅属于教育学科，因此信息技术教育才对学生的综合素质提出了更高的要求。

3. 信息技术教育的巨大作用

（1）更新教育观念

信息技术教育的创新与应用可使教师对教学过程与教学资源利用有新的思考，进而促进教育观念的更新。

在传统教育中，以教师为中心，教师作为传授知识的主体，在教育教学过程中发挥着十分重要的作用，而且这种作用被放大化，整个教学过程都围绕教师来进行，学生只是被动地参与学习。教师是教学技术（黑板、教学教具模型）的绝对使用者，学生只是被动观看。

在教育教学观念方面，信息技术的科学应用为教育的发展提供了新思路、新思想、新办法，促进了现代教育观、现代学校观、现代人才观的形成。

在信息技术教育中，信息技术在教育教学过程中得到了广泛利用，多媒体计算机技术增加了师生之间的交流与沟通，网络技术实现了师生之间交互的双向教学。教师从单纯地讲授书本知识转变为利用多媒体技术进行教学设计，信息技术在教学过程中的应用使学生从被动地接受知识转变为利用信息技术进行自主学习，学生能更加主动地获取知识，教师也在教育教学过程中逐渐建立起“以学生为中心”的观念;“应试教育”更加彻底地向“素质教育”转变。

（2）丰富教育资源

随着现代教学手段的发展，特别是多媒体技术、通信技术、网络技术等信息技术在教学中的应用，教师不再是唯一的教学信息来源，学生可以通过多渠道获得信息和知识，这扩展了他们的知识信息来源。

以多媒体教学技术为例，多媒体教学可以实现文字、数据、图形、语言、视频等教学信息的统一处理，可令教学内容更加生动、形象，可调动学生的多种感官参与学习，能在更短的时间内向学习者传递更多、更立体化的教学信息，从而提高教学信息的传递效率，实现教学信息资源的高效利用。

（3）扩大教育规模

信息技术能扩大教育规模，加速教育事业的发展。从当前我国的教育现状来看，国家正在实施科教兴国战略，充分利用现代教育技术，如广播电视网络（包括卫星电视、有线电视）、计算机网络、邮电通信网络等，开展各种远程教育，使更多的偏远地区的学生受益，在客观方面大大节省了师资、校舍和设备，并有效促进了教学规模的扩大。

（二）网络技术为高校英语教学带来的巨大变革

1. 与传统课堂的碰撞与对接

随着时代的发展，网络技术辅助下的高校英语教学的优势也凸显了出来，但这并不是说要完全舍弃传统课堂，而是要求二者的完美对接。具体而言，主要从如下四点着眼。

首先，学校作息时间安排问题。网络技术辅助下的高校英语教学需要学生花费很多的课后时间展开自主学习，要求教师在教学时间上进行合理安排。在网络技术辅助下的高校英语教学中，教师不应该占用学生过多课余时间，应该让他们能够有时间展开自主学习。学生在课后的主要任务就是观看教学视频，进行针对性练习。

其次，学科适用性问题。目前，国外的很多的信息技术的实践都是针对理科来说的，且理科具有明确的知识点、概念等，教师只需要讲好一个公式、一个例题就可以，因此这一模式容易实施。但是，对于文科来说，其讲授的内容比较广泛，需要师生之间展开思想、情感上的交流与沟通，因此这对文科类教师提出了一个大的挑战。这就要求教师要不断提升教学视频的质量，通过教学视频，将所要讲述的知识点进行概括，将相关的理论加以阐述，让学生在课后查阅相关的资料，并进行主动思考，然后在课堂上与教师或其他学生讨论，直至深化对该问题的理解。因此，对于不同的学科，教师需要采用具体的策略将实践信息技术与高校教学完美结合，并从学生的反馈情况入手，对相应的教学情况加以改革。

再次，教学过程中信息技术的支持问题。网络技术辅助下的高校英语教学的实施必然需要信息技术的支持，从教师对教学视频的制作到学生的观看等，都需要信息技术的参与。但是当前网络宽带、速度等问题对我国各大高校开展在线教学产生了一定的限制，因此在实施信息化时代下的高校英语教学时，学校需要对这一问题加以解决。同样，在教学视频制作方面，教师需要进行拍摄、剪辑等，因此需要一些专业人士的辅助，当然不同的学科有不同的风格，教师需要根据自身学科的特点来决定。

最后，对教师专业能力的挑战。在网络技术辅助下的高校英语教学的实施过程中，教学视频的拍摄与剪辑、与学生展开互动指导、课前学习任务设计等都需要教师完成，因此要加强对教师的培训，在提升他们专业理论水平的基础上，不断提升他们的科研能力，使其对学生的个体差异进行关注，并给予个性化指导。同时，还要对教师的技术素质进行培训，便于他们制作出生动活泼、丰富多样的视频资源。

2. 对高校英语教师的影响

首先，网络技术对高校英语教师的最大影响在于学生获取知识途径更加多样化了，高校英语教师不再是学生的唯一教学信息源。

其次，新时期出现新的媒体和技术的应用对教学观念、方式和手段也带来了极大的冲击，对高校英语教师的教学过程影响显著。

最后，网络技术在高校英语教学中的应用对教师素质能力的提升有重要作用。将网络技术融入课堂之中，可以优化教学方法，提高教学效率。但是，学生选择学习的时间、内容等具有了灵活性和自由度，这很可能会导致学习的失控。从传播学的角度来说，高校英语教师不仅是教育信息的传播者，更是把关人，因此教师应该考虑实际情况，对信息进行有针对性的选择，科学调配教学过程。

3. 对大学生自身的影响

首先，大学生是网络技术发展的最大受益者。网络技术提供的个别化、网络化的学习方式，可以使大学生根据自己的特点和水平选择合适的学习进度，在轻松的环境中学习，实现真正的“教育平等”。

其次，网络技术的应用改变了大学生获取信息的途径，改变了大学生的基本听、说、读、写的学习方式，使大学生具备更加自由化、多样化的表达方式。

最后，在信息社会，任何一名大学生都必须具备一定的信息素养，具备独立的终身学习能力。网络技术不仅对教师的教学能力有了较高的要求，对大学生的自主学习能力也有了较高的要求，要求大学生具有信息社会要求的观念、意识和现代教育技术能力。

此外，网络技术发展对教学的影响不仅局限于上述三个方面，网络技术发展还推动了教育现代化发展，推动了教育教学的改革，现代化的教育教学是以培养创造型人才为目标的新型现代教育体系。信息技术的发展，不仅影响了教师与学生的“教”与“学”，还间接促进了教育思想现代化、教育内容现代化、教育管理现代化。

（三）网络技术与高校英语教学结合的优势

1. 提高教师工作效率

计算机作为一种工具，可以不断提升教师的效率，如设计教案、录入成绩、查询资源等，这些都是通过计算机辅助完成的，对于教师来说非常有用。

在高校英语教学中，教师可以通过服务器对自己备课的内容进行讲解，并对学生的学习状态进行实时的观察，之后可以进行测评，以检验学生的学习情况。

在作业批改上，一些客观性的题目可以通过计算机来操作。在学生对主观题进行作答之后，教师可以通过处理软件来进行批改。这样就大大地提升了教师的工作效率，他们可以将自己更多的精力置于讲解与研究层面。

2. 发挥学生主体作用

高校英语教学与网络技术的融合可以将学生的主体地位凸显出来。学生可以从自身的需要出发，选择自己的上课时间，并采用恰当的方法调控自己的学习进度，借助信息技术掌握这些内容。当学生在学习中遇到问题时，他们也会调整自己的学习速度，随时对问题进行解决与补充，从而不断改善自己对知识的掌握情况。当学生感觉学习内容较为容易时，他们也会提升自己的学习速度，这样便于掌握更多的知识。

在这一过程中，学生能够正视自己的不足，巩固自己的语言知识，形成良好的学习习惯。同时，不论学生处于何处、什么时间，他们都可以运用各种教材与课件进行查询、访问或者下载，以帮助他们进行针对性的学习。当然，如果学生在学习中遇到问题，他们可以发送邮件与教师进行沟通，让教师为他们答疑解惑。因此，信息技术能使学生清楚地了解自己的学习情况，发挥自己学习的积极性，促进自己的学习进步。

高校英语教学本身是一门能力课，如果仅仅学习理论，这样的学习显然达不到预期，因此还需要让学生通过锻炼，将理论付诸实践。在传统的高校英语教学中，很多学生因为害怕或者自信心不足，不愿意在公共场合开口讲英语，在课堂上也不愿意回答问题，显得非常焦虑，这样的情况是非常常见的。但是，在网络技术辅助下的高校英语教学中，学生不用再担心这一问题，因为他们彼此之间不是面对面的，这有助于学生不断释放自己的焦虑，积极地回答问题与解决问题。

另外，网络技术在高校英语教学中的运用，为学生提供了一种交互式的学习环境，实现了文字与图片、动与静的结合，使其显得更为逼真，学生的学习也更具有趣味性。

3. 提供丰富资源信息

在网络技术辅助下的高校英语教学中，教师应该考虑学生的基本情况，并对各种资源进行调用，进而制作自己的课件，当然，这些要与学生学习的需求与风格相符。教师需要在网上搜索相关资料，不断丰富自己的教学内容。

此外，当前国际上的通用语言为英语，在网络上有很多专门的教学资源、实时性极强的报刊资源，可以为学生提供了原汁原味的学习资料。

二、网络技术下高校英语跨文化教学的优化方法

（一）务实手段，创设跨文化交际基础

随着网络技术的发展和广泛应用，网络技术在高校英语跨文化教学中发挥着重要的作用，因此教师应该充分利用网络技术，将现代化网络和多媒体作为教学手段，来完善教学过程、优化教学资源、达成教学效果。通过网络技术，教师可以为学生创设真实的教学环境，多种感官的结合有助于强化教学的直观性。此外，网络环境更利于对学生进行技能训练，这样可以有效提高学生分析问题的能力、培养学生的判断能力，能有效提高学生的语言水平和综合应用能力。

具体而言，在高校英语跨文化教学中，教师可以采用类似实时播放式的英语教学形式，即“课堂示教模式”，通过计算机和各种多媒体课件设备等向学生传输语言文化知识，培养学生的英语能力。

（二）深化大纲，加强大纲理解

教学大纲对于教学而言至关重要，它是教学所遵循的根本大法，对基础知识教学和基本技能教学起着重要的指导作用。但是教学大纲对英语跨文化教学的目标、内容、方法等并没有明确的描述，也未对跨文化教学予以足够的重视。单纯地进行语言教学而不讲文化，会使教学内容变得单调，缺少色彩。单纯地进行文化教学而没有大纲的指导，又缺少目的性。对此，教师要深入理解大纲，透彻领悟大纲精神，并依据大纲原则，结合学校情况及学生专业特点，制订出与本校情况相符的文化教学原则，进而确定教学内容、目标和具体要求，增加文化教学，增加语言教学的趣味性和深度，同时培养学生的人文素养。

（三）理解材料，开发优质教材

教材是教学开展的依据，教师只有深入理解教材，才能在课堂上做到张弛有度，才能有效开展教学。教师要深刻品读教材，利用个人积累对一个词语、一个语言点、一种文化现象做深入的拓展。教材中不可能涉及所有的语言知识和文化知识，这就需要教师结合班级的实际情况，有针对性地对学生感兴趣的主要问题予以拓展、补充。此外，教师还可以开发一些与文化学习有关的补充材料，尽可能地满足学生的文化学习需求。

（四）组织会话，展示学习成果

交流和会话是课堂教学必不可少的，在高校英语跨文化教学中也是如此，学习小组之间需要通过会话与协作，来完成教师布置的任务。通过小组会话，小组中每位成员都能发散自己的思维，并与组内成员进行分享，最终达成学习目标。

在学生完成讨论之后，教师可以根据学生的讨论情况进行成果展示。展示的形式有很多，如演讲、角色扮演、案例分析、情境模仿等。在展示的时候，学生可以用 PPT 课件，也可以使用录音材料等。通过对学习任务成果的展示，教师可以了解学生是否掌握了文化知识，从而为下一步骤的教学做准备。例如，在做演讲时，教师可以让小组内所有成员都参与其中，共同配合完成演讲。小组要根据教师提出的问题，对任务完成情况进行汇报。其他小组在听取演讲的过程中，对其中存在的问题进行记录，等到小组演讲完成之后，可以提出问题，并要求解答。在这一过程中，所有学生都会丰富知识，扩大知识面，也会对西方文化有深入的了解。

（五）塑造角色，提升教师素质

要想提高学生的语言水平和文化素养，首先要让教师提高自身的文化素质。教师可以通过以下方式来提高自身的文化素质。

1. 尊重文化差异，建立平等的文化观

文化不分优劣，每个民族都有其独特的文化魅力。文化差异是客观存在的，对此教师应承认、尊重、欣赏异域文化，同时注意将异域文化与本民族文化进行比较，进而取长补短，使本民族文化得以丰富，在与不同文化交流过程中促进本民族文化的发展。

2. 重视与文化相关的教研、科研活动

教学研究与教学实践是相辅相成的，文化方面的教学研究可以解释教学规律，对文化教学实践有着重要的指导作用。反过来，教学实践能为教研、科研提供及时的反馈。教师开展教研和科研活动，可以形成以科研和教研促进教学、教学为科研提供支持的良性循环。

第六节　跨文化视域下的英语教学评价

一、教学评价的理论基础

（一）英语教学评价的功能

英语教学评价能够不断促进学生在学习过程中的成功与进步，从而使学生真正地认识自我，促进学生综合能力的发展。另外，英语教学评价能够为教师提供反馈信息，从而使其不断改进自己的教学情况，提升自身的教学水平。总体而言，英语教学评价有如下 4 点功能。

1. 导向与促进

英语教学评价有助于英语教学目标的实现。我们知道，英语教学评价不仅需要评价学生对知识的掌握情况，还需要评价学生的学习态度、发展潜能等，它是一种综合性评价。英语教学评价应该为英语教学目标服务，这样就要求学生从目标出发，对自己的学习计划加以制订，并不断检验自己的学习方法与学习成果，这样才能将自身的潜力挖掘出来，提升自身的学习效率。因此，英语教学评价对于学生来说有着积极的导向作用。

英语教学评价会对学生日常学习表现、学生学习中获得的成绩、学生学习的情感与态度等展开评价，通过对学生学习的激励，可以帮助学生对自己的学习过程加以调度，让他们逐渐获得自信心与成就感，培养学生之间的合作精神。为了让评价与教学过程有机融合，学校与教师应该采用宽松、开放的评价氛围来评价学习活动与效果，比如可以建立相应的档案袋等。要利用多种评价方式，实现评价的多元化。

2. 诊断与鉴定

英语教学评价可对教与学的情况进行整体评判。在教学过程中，学生往往会通过评价量表等对教师的教授情况、学生的学习情况展开检测，这样便于学校、教师、学生了解具体的教与学情况，判断学生学习过程中有无偏差，从而找出出现问题的原因，并对其加以改进。

3. 反馈与调节

师生可通过问卷访谈，发现教与学中的优点与不足，对教与学过程中的得失进行评价。通过评价，教师能以科学的方式反馈给学生，使学生对自身有更全面与客观的认识，为下一阶段的教与学规划内容与策略、有效开展教与学活动奠定基础。

4. 展示与激励

英语教学评价对学生的学习过程是非常关注的，它让学生认识到自身学习中的成功之处，让他们不断鼓励自己，从而获得更大的成功。当然，教师还需要适当地提点学生学习中的错误，让他们产生一种焦虑感，从而更加勤奋地参与到英语学习当中。这种正反鼓励相结合的方式，会不断地提升学生学习的主动性与积极性。

（二）英语教学评价的原则

在英语教学评价中，教师还需要坚持一定的原则，这对于评价的实践有更好的指导意义。以这些评价原则为基准，教师才能更好地制订出与学生实际情况相符合的评价手段与方法。下面将对英语教学评价的基本原则进行探讨。

1. 主体性原则

所谓主体性原则，即英语教学评价主体需要考虑教学价值主体本身——学生的需求，进而对教学价值客体进行评价。

在学习中，学生应当处于主体地位，但是传统的英语教学评价将教师作为核心地位，认为教师充当的是教育主体的地位，是知识的灌输者，而学生仅是知识的被动接受者，这就导致教学评价主要是针对教师的，评价的内容也主要是教师的教学情况。

当前的教学强调有效教学，即发挥学生的认知主体地位，因此教学评价的对象需要从以教师为主导转向以学生为主体，对学生学习情况的评价内容与手段应该从单一转向多元，如对学生学习动机、学习兴趣等进行评价。教学评价的对象转向学生，并不是不对教师进行评价，而是以学生的评价为着眼点，为学生创造更多适合他们学习的环境，而且对教师的评定标准也是依据学生来制订的。

因此，主体性原则要求将学生作为评价主体，即评价活动以学生的发展作为目标，评价设计要有助于学生的多元化、个性化发展，从而发挥学生的主观能动作用，帮助学生形成积极的态度，同时不能损害学生的自尊心，要对学生予以爱护与尊重。

2. 过程性原则

英语教学评价应该坚持过程性原则，这主要体现为两点。其一，要具有全程性，即评价要在学生学习的全过程得以贯穿；其二，要具有动态性，即要对发展过程加以鉴定、诊断、调控等，对整个过程的发展方向加以把握。

英语教学评价对于过程评价非常关注，这有助于提升学生的学习兴趣，增强学生英语学习的动机与主动性，从而有助于他们的自主学习。

3. 多样化原则

英语教学评价应该坚持多样化原则，这主要体现为三大层面。

其一，评价主体要多样化，即不仅涉及教师，还涉及家长、学生等，要通过宽松、开放的评价氛围，对教师、家长、学生的参与予以鼓励。

其二，评价形式要多样化，即对学习过程予以关注，要从不同的内容与对象出发，考虑采用自评、互评等多种评价方式。

其三，评价手段要多样化，可以是教师观察，也可以是学生量表等，教师要从不同学生的学习差异与策略出发，采用恰当的评价手段，选择适合他们自己的评价方式，从而彰显学生自身的优势，让每一位学生都可以体会到成功的喜悦。

4. 实效性原则

英语教学评价强调实效性，即主要是从教育的现实意义与评价行为等层面进行考量的，其要求在具体的评价实践中，能够将评价的实用价值体现出来。

英语教学评价的实效性原则体现在其评价方式是非常方便的，即不使用烦琐的程序，但是要保证评价的时机与质量，因此教师在设计评价内容与方式时，不能与英语教学的目标相脱离，要非常关注评价之后产生的实际效果。

5. 发展性原则

英语教学评价应该为学生的发展服务，注重学生信心的树立，要发现学生发展过程中所出现的问题，通过反馈对这些问题进行解决，促进他们更好地向前发展。对于发展性原则，其一般包含如下三点。

其一，发展性原则要求英语教学评价应该从学生主体出发，将学生的需求作为出发点与落脚点。

其二，发展性原则要求英语教学评价的目的是促进学生的发展，即只要是对学生发展有利的层面，任何手段与技术都可以被运用其中。

其三，发展性原则要求英语教学评价对每一位学生的个性特点与原有基础都要有所把握，从而为每一位学生获得最佳的发展而作出努力。

通过评价，教师能更好地引导学生，并对学生的原有基础、认知水平等进行鉴定，使学生认清自己在发展过程中的不足，从而有针对性地进行改进与调整，对自己的学习过程进行优化，进而获得最佳的发展。除此之外，发展性原则还要求教师对学生的态度、情感等进行关注，以帮助学生形成正确的价值观。

二、英语跨文化教学评价体系的构建

（一）明确英语跨文化教学评价的内容

1. 评价英语文化意识

在大学英语教学中，培养学生的文化意识十分重要，因为其有助于学生在跨文化交际实践中了解不同背景下人们的行为方式与文化，并且更加积极地参与其中。因此，大学英语教学评价的内容必然包含文化意识评价这一项。

2. 评价英语文化知识

在跨文化交际视角下，文化知识评价也是大学英语教学评价的一项重要内容，具体表现为如下两点。

其一，交际双方的社会文化知识。

其二，交际双方在交际过程中，需要运用对交际进程加以控制的社会文化规则等知识。

3. 评价英语文化技能

除了文化意识与文化知识，文化技能评价也是跨文化交际视角下大学英语教学评价的一项重要内容，具体包含如下两点。

其一，对两种文化进行理解与说明的技能。

其二，对新信息发现并在交际中得以运用的技能。

（二）英语跨文化教学评价方法的创新

1. 文化意识测试与评价的方法

（1）问卷评价

在跨文化视角下，问卷评价是一种常用的评价方式，一般来说，问卷评价的方式可以是口头的，也可以是书面的，受试者可通过回答同意与不同意进行测试。

（2）单一文化态度评价

单一文化态度评价是由格赖斯提出的，受试的题目是对多种态度的描述，受试者需要根据自身情况进行评判。

2. 文化知识与技能测试评价的方法

上面分析了文化意识的测试与评价方式，下面来分析文化知识与文化技能这两个层面。

（1）语言和社会变量的相互作用

人们的话语与行为往往会受到一些变量的影响和制约，如年龄、性别等。在跨文化交际中，交际双方需要对这些变量有所把握，这样才能使交际更加有效、顺畅。因此，在大学英语教学测试与评价中，对学生的语言与社会变量进行评价是一个重要的方法。

（2）对文化观点的评价

学生应该具备概括英语国家文化的能力，同时要能对已有观点加以评价与修改。对文化观点的评价，一般可以采用题目测验的方法，量化学生对其他国家的了解程度。下面我们以一道测试题为例。

题目：评价 10 个用英语对“德国文化”作出的概括，分别给出下列结论。

①可能正确。②可能错误。③我不知道其是否正确。

对于可能错误的概括，需要找出对错误进行驳斥的依据；对于不知道是否正确的概括，需要给出所认知的附加信息，以便在添加这些信息后得出结论。

要求：10 个概括应在评价时给出。答题时间为 45 分钟。

评分标准：必须答对 80% 或 80% 以上。

在跨文化视角下，大学英语教学测试与评价可以是填空形式、判断形式、选择形式，也可以是主观题形式，但是不论采用何种方式，其目的都是评测学生的文化知识掌握情况，这样才能将评价的效果体现出来。

3. 网络系统文化评价法

在网络影响下，大学英语教学跨文化转型测试与评价体系也得到了进一步完善与发展。当前，基于网络技术构建的评价系统有如下 4 个方面。

（1）网络实时评价系统

网络实时评价系统以网络通信手段为依托，通过文字、图像、音频、视频等方式进行交流，在沟通过程中实现具体的评价。利用这一评价系统，学生可以不再受时间、空间方面的限制，能够及时获取教师的有效反馈。这一系统可以帮助教师有效监控、管理学生的学习，可以大大提升学生的学习效率。

（2）网络考试系统

网络考试系统通常涉及针对学生的考试系统、题库系统、自动批阅系统等。学生可以随时随地登录这一系统，通过从题库中抽取试题进行回答，在完成之后，系统会对学生的题目回答情况进行评判。教师可以利用这种系统进行阶段性测试或者综合性测试，也可以自由控制题型、时间、难度等。网络考试系统通常可以自动生成答案，并且给出评估报告，对学生的学习风格、学习效果、学习倾向等进行汇报。

（3）网络答疑系统

网络答疑系统一般包括在线讨论、互动交流两种形式。当前，很多外语教学网站中都设置了在线互动讨论区，学生在这个讨论区中可以自由发帖，发表自己的学习看法与成果，并通过回帖与其他学生进行沟通与互动。网络答疑系统可以对学生提出的知识难点进行记录，教师可以通过系统记录的难点分析学生的学习情况，进而发现自己在教学中存在的问题，并及时调整与改变教学策略。通过网络答疑系统的搜索引擎功能，学生可以通过关键字搜索等技术快速得到问题的答案。

（4）网络多媒体考试系统

网络多媒体考试系统是针对网络在线考试系统的进一步改进之后所形成的。在传统文本考试的试卷上，网络多媒体考试系统增加了一些多媒体数据，如音频、视频、图像、漫画等，非常适合运用到英语网络教学评价中。网络多媒体考试系统使全面、多元的评价成为可能。

第四章 跨文化视域下英语翻译策略与技巧

本章为跨文化视域下英语翻译策略与技巧，依次介绍了跨文化视域下的英汉翻译、跨文化视域下翻译的可译性及其限度、跨文化视域下英语翻译技巧及方法、跨文化视域下实战领域翻译四个方面的内容。

第一节 跨文化视域下的英汉翻译

一、地域、宗教文化及其翻译

（一）地域文化与翻译

地域文化是指所处地域、自然条件和地理环境下形成的文化，表现为不同民族对于同一事物和现象经常采用不同的语言形式进行表达，不同民族在比喻、审美情趣和对同一事物的认识上存在着差异。

1. 方位的文化意蕴与翻译

方位即方向。东、西、南、北为基本方位。不论是汉语还是英语都认可这四个基本方位，并用相应的词来表达这四个基本方位：汉语中的“东”用英语表示为“east”，汉语中的西用英语表示为“west”，汉语中的“南”用英语表示为“south”，汉语中的“北”用英文表示为“north”。然而，汉英两个民族所处的地理位置不同，由此导致双方对方位的认识及词语表达存在一定差异。

中国传统文化中流传“南面为王，北面为朝”的说法，在这种思想的影响下，皇帝的龙椅要面向南摆放，老百姓盖房子也要坐北向南。在中国人看来，“南”在基本方位中处于首要位置，如人们常说“南来北往，从南到北”。英语文化则相反，提到基本方位时，英美人通常会将“北”放在首要位置。由此可见，方位词不仅仅是地理概念，它们与民族文化、宗教思想等密切相关，更是一种文化现象。

汉英两种语言对于东、西方位的表达是一致的。如汉语中的从东到西可以直译为“from east to west”。但一些东、西方位构成的词语则有特定的文化含义，不能直译。如汉语中有“东床”这个词，如果不了解中国传统文化将这个词直译为“east bed”，就会贻笑大方。“东床”源自典故。东晋时期太尉郗鉴想从王导家选择一位优秀的年轻后生作为女婿，他派了一位门客去王导家考察，门客回来说：“王家的年轻人都举止不凡，不过他们听到有人要来选女婿，就拘谨起来，只有一位年轻人坐在东边的床上吃饭，好像没有听到似的。”郗鉴听到门客的话后，说：“坐在东边床上的正是我要找的好女婿。”这个人就是王羲之，于是将女儿嫁给了他。后来人们就将女婿称为“东床”，因此“东床”应该翻译为“son-in-law”或“daughter’s husband”。

2. 著名景点的文化意蕴与翻译

名山大川、名胜古迹是一国文化的载体之一。旅游景点的介绍和翻译是涉外旅游的关键性工作，而旅游景点资料的翻译、景点名称的翻译是首要环节。

旅游景点名称由专名和通名两部分组成。专名是景点地名的实体部分，通名则表示景点的类别。按照一般的划分标准，景点可分为自然景观景点和人文景观景点两类。每类通名所使用的字是不相同的，具有明显的类别特征。如昆明湖，“昆明”为专名，“湖”为通名；虎丘塔，“虎丘”为专名，“塔”为通名。游人一听或一看便知道前者为自然景观，后者为人文景观。

自然景观的景点名称通常由专名加表示景点实体地貌特征的通名组成。人文景观是特定时期历史活动中具有代表性的见证物，其景点名称也是由专名和通名组成的，专名反映景观主体，通名表示景观的类别。此类通名常与建筑物有关，如宫、殿、堂、亭、台、楼、阁、榭、馆、府、桥、坊、园、庙、寺、庵、陵、墓等。景点通名的翻译，既要明确表示景点的类别，又要确切地反映自然景点的地貌特征或人文景点的实体情况。

3. 动物的文化意蕴与翻译

动物文化意蕴是指动物形象的比喻和象征意义。由于地理环境和文化传统的差异，不同民族对于同一种动物形成了不同的喜好和审美情趣。随着社会经济的发展，人们对于自然界有了更加深刻的理解，人们根据自身的生活经验赋予更多的动物以各种喻义。这些喻义是对动物的外貌体态、生活习性的总结，具有形象鲜明、内涵丰富、寓意深刻的特点，是民族文化的重要组成部分。

含有动物名称的比喻性词语，都是一定文化背景下的产物。在翻译这些词语时需要深刻理解该国家的文化背景知识。中华民族的祥瑞动物，以龙、凤、麒麟、龟最引人注目。远在周代，它们就被公认为动物中的“四灵”，四灵之中，除龟为实有动物外，龙、凤、麒麟都是典型的由远古图腾崇拜演变而来的理想动物。在漫长的历史发展过程中，人们根据某些动物的体貌和生活习性，按照社会共同的愿望和想象，运用夸张、美化等手法，赋予了这些动物人类的感情，使它们逐渐成为某一氏族或民族的瑞祥，以表达人们渴望平安、健康、长寿的心理和愿望。

（二）宗教文化与翻译

“宗教”一词在英汉两种语言中有着各自的源头，但其基本的含义是一致的。不同宗教是不同文化的表现形式，能反映出不同的文化特色。

在西方，基督教是西方文化的大背景，它使中世纪以来的西方文化的任何一部分或多或少地弥漫基督教的气息。在中国，儒教、佛教、道教是公认的三大宗教。这三大宗教在中国文化中占有极其重要的地位，对中国民众有着深远的影响。

二、人名、习语文化及其翻译

（一）人名文化与翻译

人名在语言学上统称为专名，即专有名称，指某一事物（人、地方、机关、团体等）特定的名称。姓名是每个社会成员都有的特定指称，作为一种符号，它代表着个人和家族，人们通过姓名来识别他人。不论是中国还是西方国家都对姓名的作用给予了高度重视，认为姓名具有识别社会成员的作用。姓名的形成、发展和演变经历了一个漫长的历史过程，是人类文化的重要组成部分。

1. 姓氏的文化意蕴与翻译

中西方人都认同姓名由姓和名两部分组成，有名有姓才能称为姓名。但是在姓名的结构顺序上，中西方人却有着不同的认知。中国汉族人名的排列顺序一般是姓在前，名在后，比如白居易就是姓白名居易，王安石是姓王名安石。东方国家的人名大都按照姓前名后的结构，比如朝鲜、越南、泰国、日本等。而西方印欧语系的大多数国家和民族人名结构的排序原则是：名前姓后，如 Karl Marx（卡尔·马克思），Karl 是名，Marx 是姓；Lewis Henry Morgan（刘易斯·亨利·摩根），Lewis 是名，Henry 是中间名，Morgan 是姓。

经研究，导致中西方姓名结构顺序差异的原因主要有以下两个方面。首先，从姓名的历史形成来看，中西方人的姓与名产生的时间先后不同。在中国，姓氏的功能是续血统、别婚姻。“姓”字从女，可见姓制度产生于母系氏族社会。姓制度在上古时期以女子为中心，即子女从母姓，现在我们见到的许多古姓，如姬、姜、妊、姒、姚、妫等都是女字旁。这充分说明了我们的祖先为了“续血统、别婚姻”，早在母系氏族时代就使用了姓。然而，中国人的“名”产生较晚，夏、商才开始使用，如甲骨文和金文中所记：太丁、阳甲、盘庚、帝乙等，皆是“名”。因此，中国人姓名的演变经历“先有姓，后有名”的历史过程，反映到姓名的排列顺序上便形成了“姓前名后”的结构。在西方，名的产生比姓早得多。英、法、德、意、葡、西、俄，以及其他欧洲大多数国家在很长的历史时期只有名而无姓。姓到中世纪后期才开始出现。

其次，中西方人的价值观念不同。中国古代是一个宗法社会，中国先民形成了很强的宗族观念。在中国人看来，姓代表着宗族和血缘的关系，名代表着个人。中国传统观念深受儒家思想的影响，认为每个家族成员都负有延续宗族血脉的使命，将宗族延续下去的观念深刻烙印在所有成员的心中。因此，代表宗族的姓比个体的名字要重要得多。“姓在前，名在后”正是这种“重群体、轻个体”的传统文化在姓名排序上的体现。西方人价值观念同中国人有着显著的差异，相较于群体，他们更看重个体，崇尚个性，追求个性独立，个体的利益高于一切。这样，代表个人的名字应该放在第一位，代表群体的姓氏自然放在第二位。

2. 取名的文化意蕴与翻译

中国人在取名的时候，一般会遵循三个基本准则，分别是形美、音美和义美。所谓形美就是选用字形均匀，笔画繁简相宜的字，太简则可能被认为家庭文化程度低，太繁则不易辨认和书写，会给日后交际带来一定困难；所谓音美，即选择发音响亮清晰、易于上口的字，如“强、昌、良、华”和“红、兰、芳、花”等；所谓义美，即选择内涵丰富、意蕴高雅、吉祥如意的字，如“发、祥、嘉、财、玉、宝”等。取名者的审美观念不同和时代风尚的变迁，使选字的标准也必然因人而异。

英美人取名方式有：①以宗教取名。我们常见的英语人名，如 Diana（黛安娜，为“月亮女神”）、Athena（阿西娜，为“智慧女神”）、Eliot（艾略特，为“上帝的礼物”）、Helen（海伦，为“美丽女神”）等。②以标志勇敢或出人头地思想的事物取名。例如：Boris（鲍里斯，为“勇士”）、William（威廉，为“强大的捍卫者”）、Richard（理查德，为“统治有力”）、Harold（哈罗德，为“统帅”）、Abraham（亚伯拉罕，为“万民之父”）等。③以职业取名。例如：Mason（梅森，为“石匠”）、Durward（德沃德，为“守门人”）、Penelope（佩内洛普，为“织女”）等。此外，还有以外貌特征、动植物名称、货币等取名的。

（二）习语文化与翻译

习语，即习惯用语。习语涵盖的范围很广，通常包括交际语、成语、谚语、俚语和歇后语等。习语是语言中通过长期使用而提炼出来的固定词组、短语或短句。习语是语言的精华，同通俗用语相比，习语具有结构严谨、形式简练的特点。不仅如此，习语还以生动的语言表达着丰富的寓意，便于理解记忆，因此它受到了人们的广泛欢迎，为人们所喜闻乐见。

以交际语为例，交际语的文化意蕴主要体现在交流的方式、社会称呼等方面。其中，社会称呼是一定社会礼制的重要表现，它受社会制度与伦理习俗的制约。中外两种不同社会制度与伦理体系，产生了不同的社会称呼与表达方式。以亲属称呼为例，中国的社会称呼与亲属称呼相类似，具有称呼复杂、等级性强的特点；西方的社会称呼相对比较简单，以感情为纽带，等级性较弱。尽管如今中国社会制度已经发生了很大的改变，但是在社会称呼上仍然留有旧习惯的痕迹，中国的社会称呼同西方的社会称呼依然有很大区别。

三、饮食、典故文化及其翻译

（一）饮食文化与翻译

受自然环境、社会条件和宗教信仰等诸多因素的影响，不同民族形成了各具特色的传统饮食习俗，这反映了各个民族的历史文化特点，既有物质文化方面，又有精神文化方面。中国有句古话“民以食为天”。“天”者，至高之尊称，也就是说“悠悠万事，为此为大”。这是中国传统政治哲学精粹之所在。不论是东方还是西方，饮食是人们的基本需求，是一切人类文明的前提。

中式菜肴琳琅满目，五彩缤纷，它的命名方法，既有现实主义的写实手法，还有浪漫主义的写意笔法。有些菜名包含了深刻的历史文化背景；有些菜名富有民俗情趣，地方风味浓郁；有些菜名已经不再只是一道菜了，而是一个能引起丰富联想的艺术品名称；在一些菜名后面，还有感人至深的传说。这就要求译者在将中式菜肴名称翻译成英语时，应深刻理解菜肴所蕴含的寓意，准确形象地翻译，使外国友人既可亲尝我国菜肴特有风味，也可以从菜名中认识中式菜肴烹调艺术及其文化内涵。

菜肴名称的翻译要注意以下方面：首先，应该让外国客人知道菜肴的用料及主要烹调方法；其次，要体现菜肴“色香味俱全，形状独特”这一主要特征，如果可能的话，应该对和菜肴相关的民俗风情或者历史传说做一个简要的介绍，文字要简洁明了。针对中式菜肴主要特征及菜名英译需要，译者翻译时通常采用以下三种方法。

第一，直译类。中式菜肴绝大部分为写实型的菜名，通常包括原料名（主料、配料和调料）和烹调法，译者在翻译这类菜肴时，可采用“烹调法 + 加工法 + 原料（主料 + 配料 + 调料）”的格式，如有的中式菜肴可采用“烹调法 + 主料名”，有的中式菜肴则可使用“烹调法 + 加工法 + 主料名 +with/in+ 调料名”。

第二，意译类。中式菜肴不仅讲究烹调艺术，在命名时也讲究高雅，寓意深刻，所以有的菜名是按主料与配料的颜色或形状来命名的，有的菜是根据经过烹饪后的整体形态，取一个吉祥或者充满艺术气息的优雅的名字。对这种菜名，译者只能通过意译的方法，舍形或舍音求意，把它的材料及烹调方法都照实译出来。

第三，直译 + 意译类。还有些菜肴名称中的部分术语，根据制作原料，择其“色、香、味、形、音”等特点，以吉祥如意、欢乐喜庆等行话隐语来表示，对于那些不了解中国文化背景的外国客人来说，这些菜肴中的含义是难以理解的。译者在翻译这类菜名时，以直译为主、意译为辅，要将行话隐语所蕴含的寓意直接译出。

（二）典故文化与翻译

典故，即“诗文里引用的古书中的故事或词句”。典故文字简洁洗练，多为词组或短语，偶由短句构成。

基于研究角度的不同，国内汉英辞典专家们对于典故的解释并不统一：梁实秋主编的《最新实用汉英辞典》将典故解释为“allusion (from history, old classics, etc.)”；吴景荣主编的《汉英词典》将典故解释为“allusion, literary quotation”，这说明大多数词典专家往往将“典故”解释为英文“allusion”，而“allusion”在英语中意为“an implied or indirect reference, especially, when used in literature”(《新韦伯斯特大学词典》)。这说明汉英两种语言对典故的释义大体相同，但并非完全一致，英语“allusion”注重“含蓄”和“间接”，汉语典故强调历史事实与来源，但不论是汉语还是英语，典故指的都是从文学作品中引用的史料性文字。

由此可知，汉语典故在生成来源、结构形式、喻体设喻及所反映的民族色彩等方面都有着极其相似甚至相同之处。

1. 历史事件或历史故事

在汉英民族发展的长河中，均发生了许多著名历史事件，流传着寓意深远的历史故事，后世常以言简意赅的语言来表述它的内涵，沿袭久远，亦成为一个典故。

如汉语成语“破釜沉舟”，语出《史记·项羽本纪》：“项羽乃悉引兵渡河，皆沉船，破釜甑，烧庐舍，持三日粮，以示士卒必死，无一还心。”[①] 现用来比喻不留后路，下定决心干到底。英语中有类似的说法，“burn one’s boats (bridges)”，原指古罗马盖乌斯·尤利乌斯·恺撒（Gaius Julius Caesar）大军乘船渡过卢比肯河将渡船全部烧毁，以此向士兵表明退路已断，一往无前，拼死一战才是唯一的出路，这与汉语中的“破釜沉舟”可以说是如出一辙。

2. 民间传说

民间传说是指民间长期口头流传下来的对历史事件和历史人物的记述和评价，有的通过幻想和艺术加工，在一定程度上反映了古代人的要求和愿望。“八仙过海，各显神通”这一典故源于民间传说。八位仙人各有各的本领，个个神通广大、无所不能，这从侧面反映出古代劳动人民渴望征服自然、驾驭自然的愿望。英语中的“leave no stone unturned”同样源于传说，相传波斯将军马多尼奥斯在希腊的普拉蒂亚兵败被杀，留下了大量的金银财宝在军帐中。底比斯的波利克拉特斯听说了有关财宝的消息就前去寻找，但是他找了好久却什么都没有得到。德

① 司马迁．史记 [M]. 谢冰欣，选注．成都：四川美术出版社，2018：121.

尔斐神向他传达喻示“翻遍所有的石头”，波利克拉特斯听从神谕并最终找到了财宝。现在英语国家中的人通常用这个传说来警示人们，做任何事情都应该千方百计，做事全力以赴，这个典故现通常被译成汉语成语“千方百计”。

第二节　跨文化视域下翻译的可译性及其限度

一、翻译的可译性

（一）人类认识的同源性

一个很明显的道理：人们虽然生活的区域各不相同，但是却可以观察到相同的自然现象，比如太阳和月亮轮流转换，春夏秋冬四季轮转，电闪雷鸣、冰雹雨雪等；可以接触到相同的事物，如金、木、水、火、土、花鸟、虫鱼、劳动工具等；具有相同生理与生活需要，比如七情六欲、吃美味的食物、穿漂亮的衣服、住宽敞的房子等；产生同样的感情，如喜、怒、哀、乐等。可以说，人同此心，心同此理，人类认知心理，不仅古今相通，而且中外相通。

法国当代翻译理论家乔治·穆南以现代语言学中的共相现象为研究对象，对众多的语言学研究成果进行了分析和归纳，希望能对共相现象作出科学合理的解释并试图证明将共相现象理论应用到翻译中是可行的。众所周知，宇宙共相是不容忽视和怀疑的，因为所有人都生活在同一个星球上，不论是中国还是其他国家都存在着金、木、水、火、土这些物质且都能看到太阳和月亮；世界上任何一个国家的人都能感觉到寒冷和炎热，感应到风和雨，抬头都能看到蓝天，俯身就能看到大地；世界上任何一个国家都存在着动物界与植物界，即整个生态共相的领域。换句话来说，人类的认识都源自同一客观的现实世界。例如，中文中的“水”和英文中的“water”，尽管在不同的语言中所使用的名称是不相同的，但是它们所指向的是同一种物质，即自然界中的一种无色无味、化学成分为氧和氢、能够流动的液体物质。马克思辩证唯物主义的基本原理为物质决定意识，客观世界中先有物质然后才会出现人类的意识，也就是说物质是第一性的，而意识是第二性的。没有物质，也就没有意识。世界具有同一性，也就是人的认知具有同源性，人类共性为翻译提供了可能性，这是可译性理论最基本的前提条件。

（二）逻辑思维的同一性

翻译活动并不单纯是一种语言活动，更重要的是一种思维活动，是逻辑分析的实践活动。在翻译的过程中，思维活动与语言活动密不可分。思维与语言互为依存，缺一不可。两种语言文字的转换是建立在逻辑思维的基础上的，事物之间存在着基本关联，时间和空间是不断变化的，这是不可更改的客观实际，也是任何语言存在的客观基础。

在思维形式上，不同国家和地区的人们在语言表达过程中的逻辑思维也是大体相通的。逻辑学将思维形式划分为三种类型，分别是概念、判断和推理。比如，以汉语为母语的人运用汉语的语法概念，采用演绎直言推理的方式把某个句子判断为“简单句”。这种结论的得出过程与以俄语为母语的人对同一句子的判断不会出现相互矛盾或抵触的现象，也就是说以俄语为母语的人同样会运用俄语的语法概念，同样会采用演绎推理的形式来判断该句子，出现这种现象的主要原因是不同民族和国家的人民在语言表达的过程中的思维逻辑形式存在着共性。同样，归纳推理也可以使持不同语言的人在面对同一现象时，得出相同或相近的推论。

（三）语义生成的共核性

任何一种语言都是人类在长期的社会实践中得到的宝贵经验，是人类认识客观世界的印记。由此可知，任何一种语言的语义本质都是人类认识外部世界和自身内部世界的体现，也就是以该种语言为母语的集体的所有社会经验的结晶。我们相信，既然持不同语言的集体所面对的客观世界大体上是一致的，相同之处要远远多于不同之处。那么，不同语言中的意义（意义本身，而不是表达这些意义的语言单位）在很多方面也应该是一致的，相同之处要远远多于不同之处。以色彩研究领域为例，许多专家对于世界各民族语言中的色彩表达进行了缜密的研究，他们认为不同的民族由于不同“世界映像”，在使用语言表述色彩的时候存在极大的差异。但是还有许多语言学家认为虽然不同民族在表述色彩时使用语言各不相同，但是其中仍然存在着恒定的内容。在色彩的辨别中，存在着某些生理共相基础，它们早于任何一个命名事实。也就是说，存在着一个参照（参照生理学的共同地辨别事实）意义核，可使不同语言间的内涵价值都能够自由地传达，但是这个意义核起码能让基本的概念意义得以交流，这是因为词语的概念意义在词义中处于中心地位，词语全部意义的转换都以概念意义为基础，它是词义转换的轴心和主体。因此，尽管含义在各种语言里都被不同程度的分离、分类与结合，各种语言具有语义产生"基础"共核性，翻译从原理上讲是可以实现的。

"同构"一词本是科学界的专用术语，翻译理论界将这个词语引入翻译理论中，并将其作为可译性理论的依据。这个概念表明：所有人类生存环境与认知对象都处于同一个共同的客观世界，在这个客观世界中，生物基础和思想基础是极其相似的，人类的生活经历和社会活动也有着共同之处，这就导致不同地区的人对于客观世界有着共同的认识，以某种语言为母语的人关于客观世界的概念和以另一种语言为母语的人们对于客观世界的概念在本质上是大致相同的，因为他们的共同认识依据，也就是物质基础是同一的。这种同一性使他们在各自的头脑中形成概念系统框架，语言学家将这个概念系统框架解释为语义系统，表面上看不同地区、不同民族的语义系统是大不相同的，但是本质上它们又是基本相同的。事实上，这是从另一个角度对"语义产生共核"的解释。

形式各异的语言能够互译的基础还在于语言具有"异构同质"的符号特征。在语言内部，结构与意义之间存在着两种关系：一是"向心"关系，即不同的结构可以表达相同的意义；二是"离心"关系，即同一种结构又可能具有不同的意义。从语言的外部来看，世界具有同一性，这使人们的逻辑思维存在着共性，这种共性经由语言呈现便是语义生成的共核。语言与思维有着密不可分的联系，不同的语言和人类共性之间构成了一个巨大的异构同质的向心结构，由此不同语言间的相互转换便成为可能。

二、翻译的可译性限度

语言的同构是一个相对概念，可译性也是一个相对概念。"可译"，不是绝对的，它有一定的限度。也就是说，语言的各个层次并不都是处处相通的信息通道，还有部分语言在某些方面是彼此隔绝的，这就限制了不同民族语言的有效转换。这种限制就是"可译性限度"。

（一）同构的相对性及语言的模糊性

语言是思维的载体，是人类对外部世界认识的物质形式。语言与思维紧密相连，它的基本功能是作为一种符号在社会交际中传递信息，“线性”是它的基本符号行为模式。社会交际中各种信息的核心是语义信息，语义信息不可能得到精确的“定量”。语际转换中语言符号的表达模式也使源语与译语所指的内涵不可能作出精确无差的“定量分析”。“换码”必然导致可容性“变值”。借助当今的科学手段，我们甚至还不能准确地描述人脑中关于语言生成、语义加工，以及语际转换的“生理—心理”机制，更谈不上推导出“等值转换”的方程式了。在语言转换的过程中，不折不扣地测定语义信息的定量是不现实的，既然在语际转换中“等值”的方程式是不存在的，那么转换的结果就可能是非定量的、相对的“可变体”，转换过程就不可避免地要出现“意义丧失”。因此，所谓的“等值”“对等”就失去了作为翻译标准的严谨的科学性，它在翻译学中也就没有什么实用价值。

下面，我们再从同构的相对性与语言的模糊性来论证绝对的等值翻译的不可能。在这里，同构的相对性有两层意思。

我们之前已经谈到了，不论是原语还是目的语都是对同一个客观世界的反映，这就导致不同的语言之间存在着广泛的共性，不同地区的人们的思维结构也具有同构关系，因而不同语言具有可译性。但是这种同构关系并不是绝对的，而是相对的，可译性也具有相对性。其原因在于，原语中所反映的外部世界并不是真实的客观世界，而是原语作者运用自己的大脑对外部世界进行了“加工”，这种“加工”往往具有疏略性和主观局限性。外部世界与原语对它的描述之间只存在相对的同构关系。换句话说，原语所描述的外部世界同真实的世界并不是完全等同的，只在某些方面具有真实性。

同构的相对性还有另一层含义：译者对于原语的认识不仅包括对原语的理解，还包括对原语风格及情态的体验和感应，同原语所蕴含的意义之间也并不是完全相同的，只存在相对的同构关系。事实上，在很多情况下，译者对于原语的认识存在着一定的偏差，原语中所蕴含的意义不能完全被译者所领悟。特别是在文艺作品（尤其是诗歌）中，作者常有尽在不言之意，译者则鲜有不逊毫厘之功。这种“词不达意”可以说是翻译中的常规问题。

除了同构差异、语义蕴含差异，还有一个语言本身的模糊性问题。语言中的模糊性指词义自身边界不清晰，人们无法用分类逻辑画出泾渭分明的界线，即使联系上下文这种“不确定性”也无法对其进行限制或排除。比如英语中的“light colour”，很多人将其翻译为“淡色”，但是究竟“淡”到何等程度才算“淡色”，通常没有清晰的边界，这就导致读者在看到这个词语时，无法在头脑中形成准确的概念，“淡雅”就更加地模糊了。又比如英语中的“light breeze”，通常被翻译成“轻风”，可到底“轻”到何种程度才能算是“轻风”呢？大多数读者无法准确地理解，因此可明确说明是“二级风”，但即使是“二级风”这个概念，非专业领域的读者也会产生疑惑，什么样的风是“二级风”？要进一步使其明确化，还需说明：“轻风”是指在海面掀起 0.2～0.3m 的浪高的风，或者在陆地以每秒 1.6～3.3m 移动的风。可见，语言的精确性只是一个变量。有时候译者可通过联系上下文将某些变量排除，使词语的概念更加清晰。但是，有时候译者无法使用上下文来排除模糊性。变量可以产生模糊性，而模糊性则正是一种交际手段。语言之所以是一种“社会现象”而不是一种“自然现象”，正是因为语言存在语言模糊性这一本质属性。

导致可译性限度出现的原因是多种多样的，而以模糊性的语言作为交际手段正是这一现象出现的基本原因之一。同英语词义相比，汉语词义更加地具体和精确，汉语中会出现很多量词，但是其语义的范畴较窄，有时甚至比较凝滞，不宜表示模糊的“变量”。比如，甲、乙二人见面，甲身边有一位年龄与他相仿的女性。这时，乙对该女性的认识即存在很大的相对性（同构的第一链节：对外部世界的反映）。实际上，这一认识所指在乙的大脑内部言语中所形成的同构仅仅是“一位与甲年龄相仿的女性”，其他的都是变量，她既可能是甲的妻子，也可能是他的女友，还可能是他的姐妹，等等。因此，在同构机制的第二链节（乙的大脑对内部言语即概念系统的表述）中，乙有很多“只能意会，不可言传”的意识。这时，如果甲将这位女性介绍给乙并称她为 Ms（有意不确定婚姻状态的美语女性称呼语），甲的描述就构成了语言上的模糊性。这时，如果甲进一步将这位女子介绍为“sister”，语言上的模糊性也并没有得到彻底的澄清，这是因为在以汉语为母语的人看来，“sister”既可以被翻译成“姐姐”，又可以翻译被成“妹妹”，还可以被翻译成“堂姐妹”或“表姐妹”等，而汉语中对于这些称谓有着明确的词语。

这时译者进行双语转换，就会出现可译性限度问题。这类词语还有很多：brother、uncle、aunt 等。

必须指出，语言的模糊性与可译性限度之间并没有必然的联系。前者可能导致可译性障碍，也可能并无障碍，比如前面说的“淡雅”“轻风”，原语与目的语都是模糊的。也就是说，译者在翻译的过程中可以使用模糊性译语来翻译模糊性原语，即方法论中的所谓对应。但是，从双语学的角度来说，英语和汉语在词义与思维表达方式上有很大的不同，英语的词义与思维方式比较灵活、模糊，而汉语的词义与思维方式更加地执着、具体，有时甚至过于明确。因此，语言的模糊性确实可能为英汉互译带来了困难。

（二）语际转换中的障碍

1. 语义陈述障碍

尽管汉英词义在概念意义上普遍存在同构现象，但是在概念表达中，这两种语言常常各有特点。对比来看，英语词义和思维表达方式更加灵活、抽象和模糊，它不受语素（词素）形式的限制，更适应语境；汉语词语是由“音”“形”“义”三维组合汉字（语素）组成，词义常常受到语素“形”和“义”的制约，所以汉语词义有的时候过于严谨和具体，以致流于凝滞、狭窄，语境适应性偏低。正因为有了上述的不同，从特定语境来看，双语间往往存在着语义表述的壁垒。这个可译性限度是由语义微差造成的，它可导致概念意义的不同程度的丧失。语义陈述障碍常常表现为以下 3 种。

（1）多词一义

英语中有许多同义词词义常常颇有差别，但转换成汉语时却找不到对应的汉语词。典型的例子有很多，其中之一是“会议”。英语中有很多词都可以而且只能被汉译为“会议”。实际上，它们之间都有微差。这些词语都是“会议”：meeting、meet、council、conference、assembly、assemblage、convention、conventicle 等。如果脱离语境（上下文），对上述各词的微差，我们还可以做一些限定性解释。但在特定的语境中，“会议”却是汉语唯一可以使用的措辞。“协会”“委员会”“研讨会”在英语中也各有很多对应词。汉语词语的语义覆盖面往往比较小，常常被迫“以一当十”。

（2）一词多义

不论是汉语还是英语，一词多义都是很普遍的现象。比如，汉语中的“意见”这个词，“他对这件事很有意见”同“有意见你还可以再来”，这两句话中的“意见”的词语是不相同的，但二者的意思很难在 contrary opinion、different views、complaints、reservation、objection、dissatisfaction、challenge、criticisms、disagreement 等中确定下来；而在汉语中，我们毫不犹豫地都用“意见”一词。

（3）语义表述手段的局限性

现代汉语自 20 世纪二三十年代以来已有很大发展，其显著标志是词汇量大大增加了，句法表现形式也大大丰富了。汉语受到构成语素的基本意义约束，汉语语义存在语境适应性较小的局限，同时与英语相比，汉语的表现力也是很有限的。以词表意是汉语最典型的特征，而词的语义结构受构成语素的限制，这就导致汉语只能表达单一的意义，很难“左右逢源”。如英语中的“culture shock”被准确地翻译为文化冲击，在翻译“shock”这个词时，英语词义并没有什么变化，但如果翻译成汉语中的“撞击”“震动”“震荡”似乎都不太恰当，当这个词表示“因文化环境改变、精神上又无充分准备因而不知所措，失去适应力的状态”时，我们只好将其译为“冲击”，而显然“冲击”在与“文化”搭配时失之过强。当然语义表述手段的局限性并不限于汉语，英语也有其自身的局限。汉语中有很多语义模糊性很强的词语，诸如“风流”“潇洒”“洒脱”“酣畅”等，这些词语很难用英语来表达。汉语中“诗”“词”并不是一回事，但被译成英语后都成了“poetry”（诗歌），这里又牵涉文化障碍问题。

2. 文化障碍

文化障碍是导致出现限制性可译性现象最为普遍、最为常见的因素，同时在翻译过程中，它也是最忌被简单处理的因素。语言作为一种文化信息载体，起着突破时空限制、传递信息、传承优秀文化的作用。因此，在语际转换中，对文化信息符号进行换码是一项很有意义的工作。

语言中的文化信息符号是一个庞大的“象征系统”。散点式结构是这个“象征系统”的典型特征，包括以下三个方面信息符号，这些信息符号相互交织、相互渗透。我们必须正确地理解这些信息符号，然后才能恰当地处理和对待它们。

（1）语言中的民族意识化符号

语言的民族意识化标志，蕴含了生成该文化的所有民族观念形态的语言信息，不仅包括反映该民族世界观、道德观、价值观、宗教信仰、伦理观念的语言信息符号，而且包括体现该民族典章文物、宗法制度、思维方式及思维体征的信息符号。折射性是民族意识化符号的显著特征，也就是说，民族意识文化符号并不是直接而是能间接地反映该文化的观念形态。如汉语中的“天诛地灭”这个词语，就体现了我国古代天道观的权威性，欧洲人为了阐述基督教信仰，创造了“Judgment of God”（上帝的审判），这反映了他们宿命论的世界观。

（2）语言中的民族声像化符号

语言的音位系统与文字系统同属民族声像化符号，声像化符号在象征性方面有不同的程度和不同的性质。声像化符号的象征性体现在语言的方方面面，其中声色词、比喻词及形象性词语是象征性最为集中的领域，以听觉和视觉为感应媒介的声、象、色描摹性词语，以及成语谚语、俗语、歇后语和俚语中也反映着声象化符号象征性。如汉语中的俗语“一只碗不响，两只碗叮当”就是象征性很强的民族声像化符号，英语中也有着类似的民族声像化符号，如“wild goose chase（徒劳地寻找）”。音乐、舞蹈、影视、书法、雕刻等文艺领域中很多词语都属于语言声像化符号，只不过这些词语与俚语、俗语等具有不同的性质。

（3）语言中的民族社会化符号

任何语言中都有着反映本民族风俗习惯、风土人情、社会、阶级等方面的特定词语，有着群落的惯用称呼，以及体现本民族服饰、行为特征、生活方式和活动形式的词语，这些词语都属于民族社会化符号。语言中的民族社会化符号不仅数量繁多，而且内涵丰富，如汉语中的“额手称庆”“洞房花烛”“双喜临门”等便属于象征性很强的民族社会化符号。民族社会化符号也大量出现在英语中，如“a shrug”（耸肩）、“play knife and fork”（饱餐一顿）等。

三、语言互补互释性与可译性限度调节

语言的互补性和互释性观点为翻译理论（特别是方法论）研究开拓了广阔的研究领域，也为可译性限度分析研究提供了思路和理据。

（一）思维深化和翻译思想的发展

翻译是高强度的分析综合性工作。有关研究表明，翻译的质量不仅与人的思维活动有着密切的关系，而且与人的总的智能水平密切相关。各国翻译史中有很多类似的例子。在 30 年甚至 50 年前人们认为无法翻译的作品，今天已经陆续问世。随着人的思维能力的发展即分析综合水平的提高，人类克服语际转换障碍的智能（译者的素质和工作效能）必将提高。此外，人的翻译思想也在发展，有开拓、有深化、有修正、有补充，翻译思想的发展变化也会对翻译行为产生深远的影响，使翻译得以冲破固有的障碍，获得新的可译性疆界。

（二）语言表达法可容性的扩大

伴随生产力的不断提高、人类社会不断向前发展、世界间的联系日益频繁，不同地区和民族的文化相互碰撞、交融，文化接触的渠道不断扩展。在文化接触不断增强与深入的今天，语言接触过程中不可避免地会出现语言互补与互释性同步进行的情况。文化的渗透性会打破民族局限性的制约，使文化的共性不断扩展。开放性的社会文化为语言表达提供的可容性要远远大于封闭社会为语言表达提供的可容性。在这个过程中，文化的渗透性扮演了一个非常正面的角色。站在文化长远发展的高度看，世界分离多元文化将成为历史遗迹，尽管世界文化一体化的进程是非常缓慢的，但是毕竟这是大势所趋。这将给语际的交互渗透提供良好的生态环境和条件。

（三）方法论的发展潜势

翻译方法论具有很大的发展潜势，策论中的代偿（功能代偿）策略包括方法论中的替代法、增补法及阐释法，这些方法将会越来越被重视，并在语际转换实践中不断拓宽其应用领域，进而发挥越来越重要的作用。

（四）接受者因素的强化

可译性限度随着上述因素的加强得到调节的同时，接受者的因素也将起到积极的参与作用；人们的翻译审美水平和总的审美素质将得到提高，这有利于人们在进行语际转换时越过更多可译性障碍。

第三节　跨文化视域下英语翻译技巧及方法

一、重译法

重译法，就是许多译著中谈到的重复法。不论在哪一种语言中都存在着一对基本矛盾，即词语的重复与简约。在翻译作品时，有时为了结构对称，有时为了强调，或者为了修辞的需要，译者会使用重复法，但是不能随时重复。重复法既然在翻译中被称为一种技巧，自然就不是一种不必要的重复，而是一种必不可少的方法。因此，我们可以这样确定它的定义：在翻译作品时，有时为了准确地表达原语作者的思想感情，译者不得不重复使用某些词语，如果不这样做，译者就不能精准地向读者传达原语作者的精神世界。这种反复使用某些词语进行翻译的方法叫作重译法。

一般地说，重译法的功能主要表现在三个方面：一是要讲清讲透；二是为了强调；三是为了形象生动、鲜明。

（一）起到清楚明白的作用

为了使译文清楚明白，译者要设法消除任何可能出现的误解。

1. 重复名词

重复名词包括以下四种情况：第一，在英语中做宾语的名词，为了避免读者误解，译者要对于该词进行重复；第二，在英语中作表语的名词，在翻译的过程中，译者要注意对该词进行重复；第三，在英语前置词短语前所省略的名词，译者要采用重复法，使读者清楚原文的意思。英语中经常出现重复使用前置词的情况，第二个、第三个前置词前的名词往往会被省略，在翻译的过程中，译者需要将此名词重复；第四，在英语中作先行词的名词，译者在翻译的过程中要对该词进行重复。英语中的定语从句通常使用先行词引导，这个先行词具有两方面的作用，一方面，它代表定语从句修饰那个先行词，这个先行词有可能是名词、代词，也有可能是前面整个句子；另一方面，是这个先行词在从句中担当一个成分，而汉语中没有关系词。因此，在将英语作品翻译成汉语的过程中，译者通常需要重复这个先行词的名词。

2. 重复动词或不定式短语

重复定词或不定式短语包括以下内容：第一，英语句子中常使用一个动词连接几个宾语或表语，译者在翻译的过程中需要重复翻译这个动词。第二，当英语句子中动词后有前置词一起构成短语动词，并在第二次乃至第三次出现这个短语动词时，要求只使用前置词而忽略动词，译者在翻译的过程中需要将英语中重复出现的前置词用动词代替，重复翻译动词。

（二）起到强调的作用

为了给读者留下深刻的印象，英语句子通常会重复关键性词语，以强调该词语的重要性，译者在将英语作品翻译成汉语的过程中也需要采用同样的重复手段。

第一，英语原文中有词的重复，汉语译文中要使用同样的重复。

He wandered about in the chill rain, thinking and thinking, brooding and brooding.

译文：他在凄雨中游荡来游荡去，想了又想，盘算了又盘算。

第二，英语原文中有词的重复，译者翻译时可以使用同义词重复。

They would read and re-read the secret notes.

译文：他们往往一遍又一遍地反复琢磨这些密件。

（三）起到形象生动的作用

在将英语原文翻译成汉语的过程中，即使原文中没有出现词语重复的情况，译者为了使作品更加的生动形象，有时也会采用下列重复手段。

（1）运用两个四字词组

同其他语系相比，大量的四字词组可以说是汉语较为显著的特征。四字词组具有语言精练、读起来朗朗上口、节奏感强的特点。恰当地使用四字词组，可以让文字生动活泼，起到强化修饰的效果。为了使译文能够忠实于原著，达到通顺的标准，译者可以根据具体情况，适当地使用两个同义词或者近义词中的四字词组，这也可以说是一种重复。

（2）运用四字对偶词组

汉语中存在着大量的四字对偶词组，这类词组的前、后两字形成对偶，常常有相同或者相似的意思，这也可以说是一种重复。在将英语作品翻译成汉语的过程中，我们可以根据情况运用这类对偶四字词组，让译文看起来生动活泼。

二、增译法

英汉两种语言，由于表达方式不同，译者无法将原文中每一个词转换成译文中对应的另一个词，所以译者在翻译时既可能要转换词类，也可能要增减词量。增译法是指为了使译文能更加准确地表达原文的思想内容，文字更加流畅、通顺，在翻译的过程中增加一些词的方法，这种方法又被称作增词法。译者在使用增词法时并不是凭空地增加，而是根据原文的具体情况，增加原文中虽然没有出现但却意在言外的词语。增词旨在使译文更加流畅，并与译入语行文习惯保持一致。在英译汉过程中，译者有时可以适当地添加某些语气助词；汉译英则反之，译者往往需要将原文中的语气助词略去，同时根据英语行文需要酌情添加一些冠词、代词、介词及关联词等。

（一）英译汉

1. 从语义、修辞的角度增补

为了更加准确地向读者传达原文中的含义，译者需要根据作品的情况增加原文中并未出现的词语，有时是为了再现原文的修辞特征，在原文的基础上增加不改变原意的语气词、强调性副词；有时是为了能够更加准确地表达原文语义，增加修辞需要的词汇，进而使文字生动，形象鲜明。

2. 根据句法的需要增词

英语和汉语的区别，通常可被概括为前者重形合，后者重意合。英语各语言成分之间的关系是明显的，词与词、句与句之间的连接主要借助于语言手段，比如逻辑词语的连接及语法上的照应、替代、省略等；而汉语各语言成分之间的关系常常是内在的、模糊的、隐含的，主要依靠各成分所含意义的逻辑关系实现连接，句子成分的功能和层次往往处于次要的地位，因此自古以来汉语就有重“神韵”“意境”的传统。

（二）汉译英

1. 从语义、修辞的角度加词

第一，增加原文无字面表述但实际含有的意义。

第二，为了修辞需要加词。把隐于原文字里行间的意思充分表达出来，使读者读译文时就像读原文一样感受到语言的美，从而更好地再现原文的内容和风格。

第三，为了满足英语句子的逻辑要求而加词。英语句子各部分之间的逻辑关系严谨，经常会借用相应的形式表示，而汉语结构则比较自由，各部分的逻辑关系经常是隐含的。因此，在汉译英时，译者需要增加词语，以使分句之间的逻辑关系外显，以免语义不清。

2. 从语法的角度加词

第一，增补主语。汉语中无主语的句子很多，译者在汉译英时常常要根据上下文的需要选择适当的代词、名词或其他具有名词性质的不定式、动名词补做主语。

第二，增补冠词。汉语里没有冠词，译者进行汉译英时往往需要增补必要的冠词。

第三，增补介词。

第四，增补关联词。

3. 从文化背景的角度加词

在文化、语言习惯诸方面，中西方存在着巨大的差异，为了便于外国读者理解，译者常常需要进行解释性翻译，如对外国人不熟悉的政治背景、历史事件、历史人物等，在翻译时添加一些说明，补充一些背景知识，使译文语义完整。

三、减译法

（一）英译汉

为了将英语翻译成完整流畅的汉语，译者除了要进行一些必要的增补之外，还需要做一些必要的减省。这样做的目的是使译文简明扼要、通顺。减省常有两种类型：依据语法要求的减省和依据修辞要求的减省。

1. 根据语法的需要减词

减词能够使译文简洁，其原因有三类：语法的原因，如英语复合句中的连词译成汉语时经常被省略掉，或英语主谓句译成汉语无主语句；词汇的原因，词汇需要重新进行组合搭配；意义上的原因。

第一，减去连接词。汉语词语之间的连接词用得不多，英语则不然，连接词用得比较多。因此，译者在进行英译汉时在很多情况下可不必把连接词译出来。

第二，减去并列连接词。

第三，减去从属连接词

第四，减去冠词。英语有冠词，汉语没有冠词。因此，译者在进行英译汉时往往可以将冠词减掉。

2. 根据修辞的需要减词

第一，英语句子中有些短语会重复出现，英译汉时可根据情况做适当的减词。

第二，根据汉语的习惯，译文中一些可有可无的词可以被减掉。

（二）汉译英

1. 根据语义表达的需要减词

从英汉词义的关系来看，英汉词汇的语义不是一一对应的关系。如果汉语词汇的语义范围比相应的英语词汇的语义范围宽，译者在进行汉译英时需要减词，以便准确传达原文的意思。

2. 根据原文修辞上的需要减词

第一，汉语表达中，经常会重复使用一些词、词组以增强文章的气势或澄清语义。这种情况下，译者一般采用省略的翻译策略，使译文符合英语崇尚简洁的行文习惯。

第二，汉译英时，由于两种语言的行文习惯和审美视角不同，译者有时需要适当地增词以使译文富有文采，从而达到“形似、意似、神似”的效果，而有时则需要减词，如汉语讲究排偶，译者翻译冗余的排偶时可以省略不译。

第四节　跨文化视域下实战领域翻译

一、新闻语言的特点与翻译

（一）新闻翻译概述

英语新闻翻译不论是在英语专业的翻译课堂中，还是在新闻专业的课堂中，通常只是泛泛而谈或者轻描淡写，在翻译界中不被重视。然而英语新闻翻译却有着悠久的历史，伴随着报纸的产生而延续至今。面对迅猛发展的传媒事业及日益频繁的国际化交流，英语新闻翻译背负着重要的使命。

1. 英语新闻翻译的范畴

新闻泛指在各种媒体上，如报纸、杂志、电视、广播、网站上登载的各种文章，它体裁多种多样，包含消息、通讯、特写、广告、文艺作品、评论、访谈等；内容包罗万象，比如政治、经济、文化、科技、体育、人物等。因此，英语新闻翻译即是通过各种翻译技巧和方法将新闻翻译成目标语文章。

2. 英语新闻翻译的原则

“信、达、雅”一直是翻译界尊崇的标准，但并不完全适用于新闻翻译。新闻具有真实、新鲜、及时、扼要的鲜明特点，而且语言、文化、价值观的差异让英语新闻翻译的原则长期以来备受争议。“信”要求新闻必须向人们提供真实客观的现实和信息，重点在事实本身。英语新闻标题的翻译准则：第一，准确理解标题，用词力求精练；第二，把握原题含义，照顾译题特点；第三，传播积极信息，维护民族感情；第四，恰当运用修辞，体现标题魅力。

（二）新闻语言翻译技巧

虽然英语作为国际通用语言，在新闻传播中广泛应用，但是中西方文化存在一定差异，尤其是语言表达和思维方式的差异，所以译者在新闻翻译中要特别考虑中国读者的接受程度，在用词、用句上应该根据具体情况作出调整。

1. 词汇方面的调整

（1）理解好惯用新闻词汇的特定含义

英语新闻翻译者应对惯用词汇及固定表达十分了解。比如，新闻英语中表示“发生”（happen）的单词或词组极其丰富，如 occur、strike、burst、come about、take place、break out、arise 等，它们之间在含义和修辞色彩上都互有差别，但最基本的意思是“发生”“出现”。

（2）形象用语的处理

汉语历来有使用形象加强表达的传统，现实社会中人们也喜欢用些大众喜闻乐见的形象表达增强语言的感染力，因此即使在极为正式的政治、经济文件中也不时闪现出这类活泼、生动的形象表达，如“奔小康”（Strive for a relatively comfortable life）、“包干到户”（Work contracted to households）、“立体快巴”（straddling bus）、“慢递”（future mail）、“钻石王老五”（diamond bachelor）等，极大地增强了宣传效果。这类词语是带有典型中国文化色彩的表达方式，这就导致译者在将其翻译成英语的过程中，很难找到相应的对等词。因此，译者要根据原文的内容来确定采用直译还是意译，特别是要联系上下文语境。

2. 句式方面的调整

（1）时态使用

在时态使用上，中国人认为新闻已经发生，常用“了”“已经”“过”等词汇描述成过去的事情，而英语新闻常使用一般现在时。新闻撰稿者以一般现在时呈现新闻，目的在于使新闻能够形成新鲜出炉、跃然纸上的真实感，进而更加吸引读者。

（2）省略句和扩展的简单句的使用

媒体篇幅有限，新闻需要用精简、概括的表达传达最重要的信息。英语新闻常用省略句和扩展的简单句。常见的方法有使用同位语、介词短语、分词短语等语言成分扩展简单句。

二、影视语言的特点与翻译

影视剧作为一门艺术，不同于其他体裁的作品，它往往是作者根据文学作品或自身的社会经历、文化背景进行的创作，包含丰富的异域语言、文化、社会、历史等大量信息。英文影视剧翻译并不局限于某种语言操作或语言活动，而是一种以语言为中介的双语互动或文化互动现象的翻译。影视剧翻译既要真实反映作品内容和风格，同时还要让译语观众接受。本书在此基础上，根据奈达功能对等理论，结合中英文影视剧的特点，探讨英文影视剧语言的基本翻译策略。

随着改革开放的逐步深入，中外文化交流不断加强，国外的影视作品越来越多地出现在我国荧幕上，我国的影视翻译研究在最近几十年飞速发展。

（一）英汉影视语言的特点

近些年来，日益扩大的对外交流推动了一大批外国影视作品走进中国市场，市场对于外语影片字幕翻译也提出了越来越高的要求。影视字幕语言具有通俗易懂、口语化和跨文化等特点。

1. 口语性

“信、达、雅”是传统的翻译准则，现在我们将其理解为“忠实、通顺”。影视翻译自然也需要遵循这个原则，在翻译的过程中，如何实现“忠实、通顺”，是一个很值得研究的问题。但就“通顺”这一要求而言，未免太过概括。影视片中人物对白的翻译并不是让观众去慢慢阅读品味，而是让观众在欣赏影片的同时瞬间接受角色人物想要表达的话语。因此，在影视剧翻译中仅仅实现文字上的“通顺”“通达”是远远不够的，还需要贴近生活、朗朗上口、通俗易懂，从而实现翻译的自然性。影视作品是剧作者以其社会生活经历或者体验为素材创作而成的，它源于生活又高于生活。因此，影视作品的语言对白贴近人们的日常生活，并包含较多约定俗成的俚语、习语及惯用语。科普、科教、纪录等影视节目的目的是向观众普及科教知识，其使用的语言具有阐述性质，多采用书面化语言，显得比较正式。一般的影视作品大多以剧情为主，通过人物角色间的互动来推动情节发展。对于影视作品来说，对话是最重要的也是应用最为广泛的互动手段。既然是对话，语句就绝不会太长、太复杂，绝大多数影视剧所采用的语言为通俗易懂的日常口语。

2. 通俗易懂性

自改革开放以来，随着译制片大量涌入中国市场，译制片的受众面不断扩大，不同年龄段和文化层次的人对于译制片有着不同的要求，因此影片语言需要雅俗共赏、老少咸宜。

3. 文化性

语言是一种跨文化的交际活动，既是语言的交流，又是文化的交融。不同的语言反映了不同民族的不同思维、行为及语言表达方式。影视语言中有很多习语和典故，承载着大量的文化信息，如果不了解这些习语和典故的文化背景，只单纯地从字面理解就可能出现错误百出、贻笑大方的尴尬局面，甚至造成理解障碍。

（二）影视语言的翻译方法

1. 口语化策略

在翻译过程中，我们既要准确理解影视剧所要表达的思想内容，又要选择恰当的中文将其展现给中国观众。影视剧的英语对白以日常口语为主，这就要求翻译者在将其翻译成中文的过程中尽量用中文的口语来表达，这样观众能够一边看字幕，一边欣赏影视剧，更容易理解剧情。

2. 针对目标群因人而异策略

在字幕翻译的过程中，译者同样会遇到文化差异所导致的原文与译文无法完全对等的情况，这一点与其他翻译没有任何不同。在这种情况下，应该如何翻译？是采用归化策略，以目的语读者习惯的表达方式为重点，将原文内容进行适度的转化，还是采用异化策略，迁就外来文化的语言特点，原封不动地传达原语的表达方式呢？这是很多字幕翻译者不得不面对的问题。

事实上，字幕在英语影视剧中是一种辅助工具，为了帮助观众更好地理解影视剧，在翻译一部影视作品的字幕之前，字幕翻译者最好要深入了解作品的目标群体，根据服务对象选择恰当的翻译策略。如果影片的目标群体对字幕的要求只是帮助他们理解剧情，观众对于影视剧产地的文化没有太多兴趣，字幕翻译者最好采用归化策略，即尽量使用目的语的表达方式进行翻译。中国香港明珠台和国际台的字幕翻译便是运用这种方法进行翻译的典型代表，如字幕中最常见的人名翻译，英语的习惯是人名在前姓氏在后，为了适应普通民众的习惯，译者对英文名进行了汉化处理。

3. 编译策略

翻译就是要使原文最大限度地贴近原文，与原文等值是对翻译最高的评价，而功能等值就是要使译语读者在接收信息时产生与原语读者大致相同的感觉。同样以电影名翻译为例，在英文电影片名的翻译中运用这一理论时，译者就不必简单追求片名形式上的对应，而是要在充分理解影片内容、主题、思想等的基础上，立足于观众的思考角度，用最切近、最自然的中文翻译片名，力求功能上等值。这种方法被称作“编译”，是对直译和意译方法的补充。

编译与意译有很大区别，意译时需要参考原片名，且翻译后的片名与原片名相近，编译则不然，编译与原片名没有丝毫关系，译名中完全看不到原片名的影子。根据小说家玛格丽特·米切尔的同名小说改编的美国电影 *Gone with the Wind*，中文译名为《乱世佳人》。这样的编译远远比直译成“随风而去”“飘”要贴切和精彩，可谓绝妙。“乱世”符合了作品中故事发生的时代背景，将 1861 年美国南北战争爆发前夕社会动荡、人心惶惶的时局体现得淋漓尽致，“佳人”二字把主人公斯嘉丽美丽娇俏、聪慧狡黠的形象描绘得活灵活现。在看过电影之后，观众更是感叹片名完完全全地体现了小说和电影的故事情节和主要人物的性格，令人难忘。

讲述奥地利作曲家约翰·施特劳斯生平故事的音乐传记片 *The Great Waltz* 译为《翠堤春晓》，原文的意思为“伟大的圆舞曲”，而编译名“翠堤春晓”影射体现了施特劳斯一生对爱情和圆舞曲创作的无比专注与激情，观众可以在影片中寻找与片名相吻合的施特劳斯略带伤感的爱情故事和浪漫优美的主题曲，这样的上乘译作也充分体现了译者深厚的文学功底。还有 *Lolita* 被译为《一树梨花压海棠》，*Man's Favorite Sport* 被译为《湖畔春晓》，*The Quiet Man* 被译为《蓬门今始为君开》，*Pocahotas* 被译为《风中奇缘》，*Home Along* 被译为《小鬼当家》，*Forrest Gump* 被译为《阿甘正传》等都是编译的佳作。

4. 注释策略

字幕翻译和配音都具有帮助观众理解英语影视剧的作用，但是相比于单纯的配音，字幕翻译有一个显著的优点，即可以在不妨碍观众观剧的前提下添加注释。受文化背景、风俗习惯不同的影响，在翻译英语影视剧时，译者有时无法在中文中找到对等的表达，并且外国影视剧中经常会出现专有名词，台词中也会涉及本土的新闻事件，或提到英国人熟知的名人。如果只是将它们直译出来，对于不了解该国家的观众看到这些台词时可能会觉得莫名其妙，为了能够让观众理解这些内容，字幕翻译者需要添加一些注释。

三、广告语言的特点与翻译

（一）广告英语的语言特点

1. 广告英语的词汇特点

词汇是语言的直接表现形式，有关研究表明，令人耳目一新的词语能够增强广告的表达效果。广告英语的遣词造句是围绕“用语言打动消费者，说服消费者并最终激发起其购买欲”这一目的进行的，因而广告具有较强的鼓动性和感染力。具体来说，广告英语具有如下词汇特色。

（1）喜用褒义色彩浓厚的评价性形容词

广告语言要求形象、生动，因此译者必须使用大量的修饰词。形容词是指称事物属性或特征的词类，具有修饰名词的作用，能够最大限度地美化和修饰名词。因此，大量使用形容词，尤其是使用描绘性和限定性形容词，是广告英语的一大特点。广告也会使用描述品质的形容词介绍商品的性能。为了吸引公众的注意力，广告普遍都夸大产品的性能和功效，使用形容词的比较级和最高级强调其产品的高品质。广告法明确规定，任何企业在宣传自己产品时不得直接贬低别人的产品以抬高自己的产品，这就意味着广告商在推销自己商品时不能使用明显的贬义词贬低其他产品。因此，制作者通常采取比较级或最高级的形式赢得消费者的青睐。

（2）喜用简短动词

优秀的商品广告大都具有简洁生动、使消费者一目了然的鲜明特征，广泛地使用单音节动词和字母较少的动词是产生这一现象的重要原因。英语广告中通常会使用人们日常生活中使用频率最高、意义最明确的动词。这些动词虽然本身的含义各不相同，但是可以有效拉近广告商与消费者之间的距离，引起消费者的注意。

2. 广告英语的句法特色

英语广告文体的语言属于“鼓动性语言”，具有表达感情和传递信息的双重功能，经常使用言简意赅的语言和生动有趣的修辞手法以激发人们的感情，进而赢得消费者的信赖，唤起他们的购买欲。虽然广告英语不能一概而论，但总体来说，广告英语的句法具有如下特点。

（1）偏爱简单句

广告是面向大众的，因而要求句子简洁精练，这样才能快速抓住人们的视觉和听觉，引起人们的兴趣。广告语言要求简洁明了，引人注意，因此广告英语多用简单句。

（2）喜欢用祈使句

不同的句式会产生不同的效果，注重句式的变化也是广告策划者经常使用的一种语言技巧。广告的最终目的是说服人们接受某种观点或者促使人们购买某种商品，而祈使句本身含有劝告、号召人们做某事的意义，因此广告英语中大量使用祈使句。有人曾做过统计，广告语中祈使句占独立句四分之一以上，这是因其更具有劝说、鼓动的作用。

（二）广告翻译的基本方法

为了使广告译文符合译入国读者的语言习惯，使读者能够很好地理解广告的内涵，译者在翻译时除了处理好翻译对等问题之外，还需要注意翻译技巧和方法。常见的翻译方法有以下两种。

1. 音译法

许多新词引入时，由于其表达的概念在汉语中尚无对应物，更无对应词，人们往往采用音译将其译出。音译包括直接音译法，如 aspirin（阿司匹林）、Sony（索尼）等，以及谐音取意法和择字谐音取意法。译者往往选用中国具有“美好”之义的字词，并不拘泥于音译的精确，为许多外国商品（或合资企业产品）打造了响亮且动听的品牌名。如“Coca-cola”被译为“可口可乐”（可口饮料——美在口中、乐在心中）、“Benz”被译为“奔驰”（高性能轿车——飞速奔驰、勇往直前）、“Atarax”被译为“安泰乐”（安神药——安神静气、泰然自若、其乐无穷）。音译法的特点是简易、好听且具有异国情调。

2. 缩译法

缩译法主要用于广告原文比较复杂的情况。对复杂的广告语进行缩译，一方面，可以使广告的译文简洁，更加朗朗上口；另一方面，可以加深客户的印象，更好地吸引客户。在将中文广告词翻译成英语的过程中，有时会出现中文广告词较长的情况，这时译者就可以使用缩译法。

第五章　跨文化视角下英语翻译教学

本章为跨文化视域下英语翻译教学，从提升学习者翻译能力的目的出发，主要介绍了三个方面的内容，分别是跨文化翻译教学整合体系、英语翻译教学中的文化差异与传递、英语翻译教学的跨文化策略。

第一节　跨文化翻译教学整合体系

一、跨文化翻译教学体系

在翻译教学创新中，很多教师强调真实环境下的协作式翻译教学模式。虽然学者提出的教学模式推动了笔译教学的发展，特别是在教学纲领和思想、教学方法与手段，以及专业知识等多个方面给教师注入了新的理念，但是这些教学模式却不能被整理概括成一套完整的体系。基于此，笔者将社会、文化等领域的学科理论知识应用到翻译教学中，运用开放性模块化方式对教学环节进行整合，建构了三位一体的跨文化翻译教学范畴体系，既可以用语言描述记录下来，又与实际操作紧密结合，还能让学生在开放性的教学模式中学到知识，让学生在轻松愉悦的教学环境中积极自主地探索翻译在实际中的规律。该教学体系由理论、知识及技巧三个要素组成。

这一跨文化翻译教学范畴体系是对其他学者提出的翻译能力修正模式的优化和升级，包括双语能力、非语言能力、翻译专业知识、专业操作能力等六大类能力。各模块内容并不是固定不变的，教师可在教学实践中根据具体情况对其进行丰富和充实。这个模块体系的提出不仅有利于教师的教学，对学生的研究学习、实际操作也有很大的帮助。它的重心就是理论基础结合实际操作，个人经验结合理性判断。借助这个体系，教师认真地对待工作，并且在平日的教学中不断地积累经验，在教学上必定能够取得较大的进步。

二、跨文化翻译教学环节

笔者秉持寓教于乐、化理论为知识的理念，选取具有典型性、富有趣味性的实例，以激发学生的潜能，提升学生的翻译技能。常用的教学策略是：简化目的、深化认识、突出问题、教辅结合。

所谓简化目的是指，在教学的过程中要求学生从整个笔译的教学内容出发，集中回答一个理论问题：什么是翻译？换句话说，我们到底需要翻译什么？对于这个问题，学生必须给出 N 个答案，对每一种回答，都要有 N 种典型的译例加以印证，对其证实则须由理据和方法两个环节组成，从而督促学生多层面发展、多视角考察翻译的本质属性。

所谓深化认识就是在教学环节中，从始至终都从文本的内容和特征出发，根据反映不同题材和体裁的翻译实际，具体问题具体分析，而不是固守翻译理论。教师在解决问题的过程中要遵循由浅入深、从点到面的原则，在推论过程中，辅之以多种视觉性较强的方法，进行程序化的论证，对于不同属性、不同关系的问题，以不同色彩加以对比，以便加深学生印象，进而形成“问题形态—问题性质—问题原因—解决方法—方法理据—经验总结—理论认识”的认识链。

所谓突出问题，就是把 90 分钟的教学安排分 3 个部分进行：前 30 分钟以 PPT 形式的形式向学生展示问题。为了有效提高教学质量，教师可采取分组教学，3 人一组，每人有大约 10 分钟的时间，总结问题中的 3～5 个典型问题；中间 30 分钟教师就学生提出的问题进行单句 / 句群翻译问题解析；最后 30 分钟教师运用多种教学方法，启发学生对语篇 / 语段翻译过程中遇到的问题进行分析和讨论。3 个环节都要强调翻译理解或表达中的难点和重点，根据文本的不同，在翻译的过程中要体现文本的典型特征：文学性、风格性、间接性、经济性、象征性和多义性等。

教辅结合是指在课堂之外对学生进行启发，拓展学生的能力，向学生发放潜能开发报告，为学生提供开展翻译批评实践的机会。比如，从已经出版的名家译本中选取材料，要求学生对这些材料进行比较和分析，一方面，教师可以总结出翻译比较好的译本在理解与表达上的成功经验；另一方面，还可以找出其中存在的缺陷及需要改进的地方，甚至是误译和错译，并且阐明问题的性质，提出建设性的译文。学生开展“问题—解决方法”的环节大约为每组 10～15 分钟。对于学生提出的问题，教师要进行针对性的点评和总结。探索、解决问题的过程是应对挑战的过程，这个过程对于开发教师和学生的潜能具有积极意义。

第二节　英语翻译教学中的文化差异与传递

翻译要求译者要充分了解目的语国家的历史与现状，对目的语国家人们的信仰、价值观念、生活方式与行为习惯做到真正理解，这样才能进行深入细致的跨文化交流。

一、农业社会与海洋国家

（一）农业社会

中国地处欧亚大陆的东南部，东临太平洋，北与西伯利亚接壤，西北方是面积达 33 万平方千米的塔克拉玛干沙漠，西方为喜马拉雅山，地理位置相对封闭。生于斯、长于斯的中国人聚族而居、辛勤劳作，形成了精耕细作的农耕文化，在长期的农业耕作中，中国人也形成了含蓄内敛的农耕性格。纵观中华五千多年文明的发展历程，我们可以发现，农耕最发达的中原地区占据了近四千年的历史。

中国的先秦时期就已经有中国哲学的萌生，先秦时期的中国是以农业为主的国家。以农业为主的生产方式决定了中国先人的思维方式是以人际关系为中心，以血缘宗法为生活底蕴的社会，具有“家天下”的浓厚内向性。农业活动的惰性与亲属间往来使古代国人的哲学思维更侧重于自身的感性体悟、经验和实用。这种注重人事关系、注重具体经验的思维即为“实用理性”。

（二）海洋国家

西方哲学的起源可以追溯到古希腊文明。古希腊地处地中海，海上交通便利，商业活动兴盛。作为一个海洋国家，古希腊的手工艺发展程度较高，伴随着手工艺的不断发展，古希腊人对于加工对象和各种自然物的属性有了更加全面和深刻地认识，热爱自然、探索自然的思维倾向日趋成形。西方哲学从一开始就将人们引向追求自然知识和立足于自然及社会向理性方向探索的轨道。

除此之外，古希腊神话是西方哲学的另一个源头。古希腊神话中的思维倾向是在人之外还有着掌管人间祸福的神秘力量，这股神秘力量是事物的本质，掌控着事物的变幻。这是古希腊人对于世界本源、宇宙生成的最朴素的想法。在这种理念的引导下，一部分人形成了自然科学的探索思维，而另一部分人则形成了宗教神学的思辨阐释。

二、儒释道与基督教

（一）儒释道

中国人的传统宗教是道教和儒教。道教把“道”作为至高无上的信仰，道教的主旨是实现人与自然的和谐相处、社会安定、家庭和睦。道教认为只要坚持修道积福，人们就可以获得长久的幸福快乐，甚至福运足够深厚还有可能会长生不老。鲁迅先生认为：“中国根柢全在道教。”① 儒家从汉代开始就成为中国的主导思想，儒家的核心思想是“仁”。汉族中国文化的重要特征是“三教合一”。古代的封建统治者大都认同这个观点，南宋时期的宋孝宗、明朝的永乐皇帝及清朝的雍正皇帝都讲过相似的话，大意是：儒家治世、佛教治心、道教治身，这句话的意思是，儒家在社会治理中发挥重要作用，佛教有助于提升人们的精神修养，道教对于强健人们的身体有着积极意义，三教之间和谐共处，氛围融洽。纵观我国儒释道的发展历程，可以发现，我国的佛教和道教不存在决定性和神圣性，因此宗教间争论难以见到，也不会发生宗教战争。

（二）基督教

从传统文化来讲，宗教通常是西方文化的起源和核心。在大多数西方人看来，他们生活的各个方面都受到基督教的影响，基督教信仰中的神学思想也对西方人的思维方式产生了巨大而持久的影响力。在西方，《圣经》不仅仅是一本书，更是西方文化的载体。西方人从小就引导孩子学习《圣经》，对于他们来说，《圣经》有着极其丰富的内涵，不仅指导人们生活，甚至在政治、军事、天文、地理等方面均可以发挥指导作用。自由信仰是基督教占主导地位的一种宗教信仰。它是一种对外界世界不依赖，并追求自我价值和独立人格的宗教观念。西方人认为科学

① 卿希泰．重温鲁迅先生“中国根柢全在道教”的科学论断[J]．社会科学研究，2002（1）：66-70.

具有平衡外部社会的作用，但是它无法实现人内心的平衡，宗教才是平衡人类内心的唯一途径。西方人普遍信仰基督教，以信奉基督教的方式来达到心理和精神层面上的平衡。《圣经》由《旧约》和《新约》两部分组成，它们系统地阐述了有关上帝、宇宙和人类的概念，并将这些概念带入所有的西方主要语言中，进而影响着西方人的行为准则和思维方式。随着《圣经》传播范围的不断扩展，英语版本的《圣经》日益增多，17 世纪初英国政府颁布了《圣经》的英语官方版本，使英语逐渐走向成熟。英语也成为一种文化符号，进而成为世界上使用人数最多的语种之一。英文版的《圣经》和莎士比亚作品一起被看作英语中的两大宝库。《圣经》与文学有着千丝万缕的联系，几乎所有伟大的英语作家都熟知《圣经》，《圣经》主题成为文学创作的传统。

（三）个体性

西方文化呈现的是个体性文化特征。个体性文化最典型的特征就是崇尚个人价值，个人的利益高于群体利益。文艺复兴运动的兴起为西方国家价值观的形成奠定了坚实的思想基础。为了突破教会的束缚，文艺复兴倡导人文主义，推崇个人为中心，强调要尽力展示自我，表现个体自由。人文精神解放了人的精神，使人们成为自己的主宰，个体的价值、权利和尊严得到了放大，从而大大提升了生命体的需求平衡。隐私是得到保护的，思想是不受限制的。原子主义起源于古希腊原子主义，之后基督教神学又使原子式个体深入西方社会每个人的心底。原子式个体是西方社会文明发展的一个开端性起点，其巨大作用是发展出了契约基础上的法律文明及其制度和平等的价值观。

所谓平等理念就是人人平等。人人平等的自然权利理念起源于古希腊哲学自然法理论。法国哲学家卢梭认为：人是生而自由的，但却无时不在枷锁之中。① 在社会契约中，每个人都放弃天然自由，而获取契约自由。西方社会的美国和法国宪法都体现了卢梭的《社会契约论》的这一民主思想。

所谓契约精神，就是自由、平等、守信的交换理念。契约精神认为人性是自私的、公平源于自私，契约则是个体在社会中的生存方式，它通过明确权利和义务，使个体在社会中得到公平。私人契约精神实现社会个体间的交换平衡，社会

① 陆珊年，徐兰 . 卢梭名言录 [M]. 北京：中国少年儿童出版社，2003：82.

契约精神保障个体在社会中的权利，人和国家签订契约得到社会权利，工作要签订契约，结婚也通过契约来保障彼此。

西方国家推崇独立自主自强自立。西方哲学要求做普通人、做自己，只要不侵害别人，想做什么做什么。西方人强调个人潜力的发挥，崇尚个人解放。对大部分西方人来说，个人目标的实现和个人利益的追求是最重要的事。权力是西方价值体系的前提和基础，西方重视维护个体权利。与西方的价值体系不同，义务在中国人的价值体系中居于基础地位，履行对他人和群体的义务是中国人最为推崇的行为准则。西方人具有极强的自我意识和独立意识，在西方人看来，自己才是自己的主人，每个人要对自己的所有行为负有责任。在竞争激烈的当今社会，个人能力决定了生存方式及生存质量。所以，人人都要自我奋斗，将个人利益摆在首位，他们不习惯互助互爱，也不关心别人的情况。在竞争意识充斥的价值观指导下，西方人倡导自立、自强，将自我奋斗与自我进取作为他们为人处世的行为准则。

中西方文化的不同，使某些单词所代表的褒贬色彩也有着极大差异。例如，英语中的“ambition”一词，本身含有褒义和贬义两种感情色彩。中国人认为该词是个贬义词，表示“野心勃勃”；英美人则认为该词是个褒义词，表示“雄心壮志”。又如，英语中的“aggressive”一词，中国人认为该词具有贬义色彩，表示某人“挑衅”“好斗”；英国人则理解为褒义，形容某人积极进取“有开拓精神”。

三、主体意识和客体意识

（一）主体意识

汉民族主张心物一体，主张主体意识与客体意识的统一。汉民族的主体传统思维强调主体意识，多以“我”为视角，从“我”的角度出发来审视客观事物，以“我”的态度和情感来评价客观世界，“我”是认识客观世界的出发点和落脚点。通过主观对客观的“近亵”，中国人在儒教上表现为融入人世，在道教上表现为融入大自然，在佛教上表现为融入生命的彼岸等强烈的主体价值取向。汉民族讲究天人合一，注重主体的参与意识，在思维上将主客体混为一谈，不加区分。以自身为对象来考虑问题，属于意向性思维。传统的中国哲学以提高人的精神境界为主要任务，中国哲学的出发点是研究人和社会，以人的为人之道为重中之重。

这种思维差异在语言上体现为英语重物称，汉语重人称，经常用表“人”的词、词组、短语做主语，主动句多，省略句多。汉语常将主体作为中心进行主体与述题之间关系的表述，使主体突出，而不是主语突出，对主动或被动不表示。

（二）客体意识

西方人主张心物二分，主张主体意识和客体意识的对立。西方人严格区分主体与客体，目的是通过“远观”客观世界，探索和寻求自然的规律及科学真理。理性主义是把主体放在旁观者的位置上，对于客体尤其是本质世界进行探究。西方人的思维注重理性分析，对于主体和客体有着严格的区分，他们往往以冷静客观的态度来审视客观事物，强调客观事物对人的作用和影响，其思维属于认知型思维。

（三）时间思维

英语的时间性特质和汉语的空间性特质形成了鲜明的差异。西方人侧重时间思维，西方文化强调“人人平等”，即起点上的平等。英语的称谓简单、模糊，很多种关系通常用一个词就能表达。英语构词是线性的，是从左到右的，在英语中动词往往是词法、句法及语法的焦点。而在汉语中，构词形式往往是叠床架屋式的，且汉语的构句方式与构词方式基本类似，“词法即句法，句法即词法”。英语是强调时间性的，是线性的、一维的语言，更关注在时间上具有不可逆性的事件，因而英语往往聚焦事物的行为变化，以动词为中心。不管句子结构如何复杂，它始终以主句的动词为参照，语言变化的表现主要在动词变化上体现，比如各种时态和语态变化，动词在使用时常受限于形态，从而使传达的意义减少，使英语的表达叙述呈静态；而汉语是离散的、成块的、三维的语言，没有屈折式形态变化，更强调“名”“物”，因此常将行为动作也空间化汉语中，动词使用频繁，动词连用也很常见，反而不太注重时间性，叙述呈动态。我们了解了这些深层次的原因，自然能够将英语重时态、语态变化的规律内化、固化。

在时间先后概念上，英语中“back”是指过去的时间，而“forward”是指未来的时间。因而，英美人区分时间先后都是面向未来进行区分的。英语的“back”和“forward”与汉语的“前”和“后”同义。中国是礼仪之邦，多人聚会时总会有一番礼让，常说“你先请”，而英语的常用说法是“after you”。

英语国家的人做方位表达时是“北”为先的。若将汉语“南屋”译成英语“a room with a southern exposure”就是错误的了，正确的译法应该是“a room with a northern exposure”。视角不同常使英汉语对同一思维内容采用的表达方式也截然不同。东方侧重于综合，而西方则侧重于分析，在英语句子结构上的反应以主语和谓语为核心，再加各种短语和从句。

四、形象思维与抽象思维

（一）形象思维

汉民族特别重视形象思维，经常使用直接和意象等形象的表达方式。自古以来，汉族人民就通过形象的表达手法来表达抽象的概念和含义，具有以神制形、突出神韵、形简而神远的鲜明特点。汉民族较多地运用形象的方法来表达抽象概念，如汉语中的成语、谚语和歇后语正是汉民族形象思维的集中展现，可使人产生明确、直接、形象的感觉。

在语言层面，汉语多用形象表达法。在汉语中，常用具体表抽象，不过，中国的抽象名词较多。同时，汉语也不具有构形形态。

（二）抽象思维

西方人更善于抽象思维，以古希腊的亚里士多德为始，一直侧重于哲学思辨。在英语的功能性上，抽象表达法在英语中非常普遍。英语常常用不能主动发生动作或无生命的抽象事物做主语。英语民族更侧重于抽象思维，善于使用大量含义概括、指称笼统的抽象名词用以表述繁复的理性概念和微妙的情绪。与动词相比，英语偏好名词和形容词，尤其是名词，这样能弱化动词，增强静态特征。而英语的名词都比较灵活，可以从概念上动词化或形容词化。在一定程度上，英语追求精确和简洁的心理定式。名词不仅简洁，而且能使意义客观化，符合西方人以理服人的科学思维习惯。同时，英语属构形语言，词义虚化手段使用繁多，如词缀，英语中介词的频繁使用要远高于汉语。英语大量使用概括、笼统的抽象名词，而这种宽泛、隐晦的感觉，往往难以用汉语对应翻译。

因此，在翻译过程中，译者要注重抽象思维到形象思维的转换。英译汉就要化虚为实；汉译英时，就要化实为虚。

I see very clearly, I said, and as soon as I earn enough money to buy a saw and a hammer and a piece of lumber I shall do my best to make a simple chair or a shelf for books.

译文：我已经心领神会，我说，等我一赚够了钱，就买把锯子、锤子和一块木板，我要尽心竭力做一把简单的椅子或者一个书架。

英文句子难译程度主要体现在复杂的结构和抽象的表达上。分析句子结构，将长句变短、从句变分，结构上的难题就相应被解决。表达抽象要求译者彻底理解原文的含义，用详细中文进行表述，这对于译者来说意味着巨大的挑战。下面我们先看一组例子：

disintegration 土崩瓦解

feed on fancies 画饼充饥

with great eagerness 如饥似渴

lack of perseverance 三天打鱼，两天晒网

make a little contribution（捐款；捐助）添砖加瓦

在英语中通过抽象的办法虚说大致分为两种。第一种是某些具有抽象定义的英语词语在行文中产生的细化含义，而汉语中对等的虚说较为匮乏，没有能够对应表达具体意思的词汇；第二种就是英语中用以表示抽象概念的名词有可数化变化的产生，通常用于表达事物或情况具有此抽象名词所表达的性质或特点。两种抽象说法都对译者通过形象思维解读原文有所要求，在翻译时要以上下文的具体情境为依据，将虚说化为实说，从而深刻剖析出在文本中的审美意识形态。

A smallish man of about 60 kilograms body weight, Linus had perfected the art of lifting out the approximately 80 kilograms heavy corpses.

译文：身材矮小，体重只有六十公斤的莱纳斯·埃特把大约八十公斤重的冷藏尸体标本从巨大的水箱里拖出来摆到铝制桌子上，技艺已经炉火纯青。

His friend was completely amazed. “That’s incredible”, said his friend. “You must have super-human ears!”

译文：他的朋友被惊得目瞪口呆，“不可思议，”他的朋友惊叹，“你的耳朵一定是超人耳朵！”

译者需要逾越语义概念的层次，进而通过想象描述出原文的场景，然后通过译语进行艺术性的重新呈现。译者进行有效的形象思维有三个必备因素：一是对原文的正确解析；二是自主应用形象思维；三是自己脑海中的形象积累。

第三节　英语翻译教学的跨文化策略

在跨文化视角下，翻译教学的目的在于培养高素质的翻译人才，为日后的交际服务。因此，大学英语翻译教学需要注重跨文化能力的培养，具体来说可以从以下两大层面着手。

一、文化语言能力的培养

文化语言能力是翻译能力的基础。也就是说，文化语言能力培养在翻译能力培养中有着十分重要的地位。具体来说，可以从下面两大途径入手。

（一）扩大人才的知识面

在我国翻译人才培养中，扩大人才的知识面非常重要。因为对于中国学生来说，比较缺乏英语学习环境，加上传统培养观念的根深蒂固，学生学习语言的积极性较差。很多人认为学习好课本知识就可以了。实际上，学好文化知识与文化翻译策略才是最重要的。

翻译是一门综合性学科，很多领域的活动都会包含在内，如果译者不熟悉语言基础知识，那么他们就很难对翻译文本进行准确的理解。如果译者的知识面很窄，那么他们就很难进行复杂文本的翻译工作。

因此，文化翻译人才的培养可以考虑多设置一些文化类选修课程，如英美文学、英美报纸与杂志选读等，让学生逐渐了解不同的文化形式，提升自己的文化意识，扩大知识面，提升翻译能力。

（二）培养人才的语用能力

学生提升自己的语用能力，有助于其更深层次地理解文本的文化知识。在跨文化交际能力培养中，教师可以从英美文化出发，为学生讲解不同的文化差异与文化现象，从而让学生对不同文化有不同的感受，并提升自己学习他国文化的乐趣，进而提高翻译的兴趣。

另外，翻译教材的选择也会影响学生语用能力的培养，教师应该选择那些包含文化差异与文化知识的教材，让学生对语言使用的方式有清晰地了解。另外，教师还可以为学生设置跨文化语用场景，让学生了解语言的语用情况。

二、文化策略能力的培养

（一）归化与异化策略

1. 归化和异化的由来

1995 年，美国翻译理论家韦努蒂在《译者的隐形》（*The Translator's Invisibility*）中提出了异化策略和归化策略。异化和归化可以被看作直译和意译概念的延伸，但不完全与直译、意译相同。直译和意译关注的最本质问题就是如何在语言层面上处理形式和意义。异化与归化则突破语言的范畴，将视野扩展到语言、文化、思维、美学等领域。

20 世纪二三十年代，鲁迅提出翻译要欧化，不要归化。20 世纪 50 年代，傅雷提出“神似论”。傅雷在《高老头》（重译本序）中指出，“以效果而论，翻译应当像临画一样，所求的不在形似而在神似”，认为“理想的译文仿佛是原作者的中文写作”，文字上要求“译文必须为纯粹之中文，无生硬拗口之病”，并且保证“行文流畅，用字丰富，色彩变化”。[①] 显然，这种观点与鲁迅的观点是截然不同的。

“化境”是 20 世纪 60 年代我国翻译理论中较为重要的一个。这一观点是由钱钟书提出的。钱钟书在《林纾的翻译》一文中指出“化”是文学翻译的最高理想。译者将作品从一种语言转变成另外一种语言的过程中，不可因语言习惯的差异而露出生硬牵强的痕迹，完全保存原作的风味，就算到达了“化境”。钱钟书将这种现象称作“脱胎换骨”，译本是否忠实于原文，要看其读起来是否像读原文一样自然。

可见，翻译研究者们对“归化”“异化”的争论早已出现，并且一直没有停止。

① 巴尔扎克 . 高老头 [M]. 傅雷，译 . 合肥：安徽文艺出版社，1998.

如今，有关归化和异化翻译策略的文章非常多，并且都有着各自的观点，呈现出百家争鸣的局面。

2. 归化策略

归化策略是指对原语表达形式进行省略或替换，找到地道的表达形式表达译入语的一种翻译策略。这一策略的运用会致使原语文化意义丧失，更符合译入语的文化意义。例如：

谋事在人，成事在天。

杨宪益、戴乃迭译为：Man proposes，Heaven disposes.

霍克斯译为：Man proposes，God disposes.

原句是带有浓重的中国特色，两个译本都使用了对仗形式，与原作相称，但是在对“天”的表达上存在明显的差异。杨宪益夫妇将其翻译为“Heaven”，是与中国的文化色彩相符合的；霍克斯则为了符合译入语读者的接受程度，将其翻译为“God”。之所以存在差异，是因为两个译本选择的翻译策略不同。

3. 异化策略

异化策略是指译者对原语文化进行保留，并且尽量贴近作者表达的策略。虽然语言是对客观世界的反映，但是受不同思维方式与文化背景的影响，不同民族对同一事物的认知也存在明显的差异。译者在翻译具有丰富历史色彩的信息时，应该尽量保留其文化背景知识，采用异化策略是比较好的选择，这有助于传递原语文化信息。例如：

As the last straw breaks the laden camel’s back, this piece of underground information crushed the sinking spirits of Mr.Dombey.

译文：正如压垮负重骆驼脊梁的最后一根稻草，这则秘密信息把董贝先生低沉的情绪压到了最低点。

（二）归异互补策略

归化与异化是文化翻译的两大主要策略，从上述分析可知，二者存在对立统一的关系，都存在着各自的适用范畴，但是在一些语境中，仅仅选择其中一种并不可行，甚至无法将原语的真实内容与意义传达出来，这时译者需要将二者相结合，采用归异互补策略。

要想成为一名好的译者，首先需要能够在运用归化策略与异化策略时，找到二者的折中点，然后根据这一折中点，对原作进行仔细品读，并采用合适的翻译策略。当然，译者需要弄清楚原文的底蕴，然后从翻译目的、作者意图等层面考虑，谨慎地对翻译策略作出选择，这样才能把握好翻译的分寸。例如：

I gave my youth to the sea and I came home and gave her（my wife）my old age.

译文：我把青春献给了海洋，等我回到家中见到妻子的时候，已经是白发苍苍。

在翻译上述句子时，很明显，译者对“I gave my youth to the sea”这句话的翻译采用了归化策略，而对“I came home and gave her（my wife）my old age”这句话的翻译采用了异化策略。如果仅仅采用归化策略或者异化策略，很难达到现在的效果，也很难让译入语读者理解原作的含义。

在处理二者的关系时，译者应该以异化策略为首选，归化策略为辅助。也就是说，译者在进行文化翻译时应该尽可能地实现异化，必要时还要保证归化。具体而言，可以总结为如下三点。

第一，一般来说，译者应该尽量选择异化策略，这样可以使译文达到“形神具备”的效果。因此，在文化翻译实践中，译者如果觉得采用异化策略就可以将原作的内容传达出来，那么选择异化策略即可。

第二，如果译者觉得单独选择异化策略难以将原作的意义完全表达出来，或者很难实现译文的通畅，那么译者可以考虑将异化策略与归化策略相结合。

第三，如果译者觉得采用异化策略是完全行不通的，那么译者不能勉强采用异化策略，而是考虑选择归化策略，舍弃原作的形式，表达其内涵意义。

总而言之，译者在处理归化与异化的关系时，注意一定要适度。具体而言，在采用异化策略时，译者一定要保证不影响译文的理解，一定要保证不改变原作的风味，力求做到真正的“文化传真”。

就这一意义而言，异化策略在文化层面上有强烈的表现，而归化策略在纯语言层面有强烈的表现。需要说明的一点是，即使在同一篇文章中，翻译策略也不是唯一的，译者不能仅使用一种策略进行翻译。在对待不同的文化问题时，一名好的译者应该洞察其中的文化知识，发挥自身的跨文化意识，采用恰当的翻译策略进行翻译，争取做好一名文化传播的使者。

（三）文化间性策略

所谓文化间性策略，是指基于文化间性主义与文化间性观而逐渐形成的一种翻译策略。在文化间性主义者看来，译者在进行文化翻译时应该保证互惠互补、相互协调的文化关系。不同文化有着明显的差异，运用文化间性来处理这些差异，有助于找寻二者的共性，实现不同文化之间的互动。

作为一名好的译者，应该具备文化间性的身份，可对不同文化的组成要素进行内化，同时可对不同文化的进步与发展情况持有开放、接纳的态度。在这种文化间性理念的指导下，译者可以从容地参与文化翻译实践，具体可以实现两大效益：

首先，译者要保持开放的心态，对不同文化进行接纳与包容，从而采用得体的策略处理不同文化。

其次，译者要对原语文化进行拓展与开发，在共性思想的指导下，分析原语文化，进而将原语文化推向世界。

从上述定义与理念分析中可知，文化间性是对归化策略与异化策略所存在的极端主义的弱化，也是对“信、达、雅”翻译标准的支持。例如：

原文：天时不如地利，地利不如人和。

译文一：Sky times not so good as ground situation, ground situation not so good as human harmony.

译文二：Opportunities vouchsafed by Heaven are less important than terrestrial advantages, which in turn are less important than the unity among people.

显然，原文是一则典故，意思是在战争中，气候条件十分重要，地理形势也十分重要，但是相比之下，人心所向才是最为重要的。对于这则典故的翻译，译文一是很不负责任的，属于乱译；译文二则根据文化间性理论进行了恰当的翻译，这很容易让读者理解。

（四）文化调停策略

在文化翻译中，文化调停策略被广泛运用，下面就对这一策略的概念与具体的运用进行分析和探讨。

1. 文化调停策略的概念

文化调停策略是指将一部分文化因素省略不译，甚至将全部文化因素省略不译，直接翻译其中的深层含义的一种翻译策略。例如：

回头人出嫁，哭喊的也有，说要寻死觅活的也有，抬到男家闹得拜不成天地的也有，连花烛都砸了的也有。

译文：Some widows sob and shout when they are forced to remarry; some threaten to kill themselves; refuse to go through with the wedding ceremony after they've been carried to the man's house; some smash the wedding candlesticks.

原文选自鲁迅先生的短篇小说《祝福》。在中国婚俗中，“拜天地”是一种特有的现象，并且“天”“地”这两个字有着丰富的文化内涵。在中国人眼中，“拜天地”就是所谓的婚礼。但是，如果用异化策略进行翻译，译入语读者显然是很难理解其真正含义的，因此将“拜不成天地”译成“refuse to bow to heaven and earth”显然不合理。要采用文化调停策略进行翻译，如译文所示，将原作的意象进行省略，而直接翻译出原作的深层含义，这样译入语读者就能真正地理解原作的内涵，也能够获得与原作读者相同的感受。

2. 文化调停策略的运用

文化调停策略是针对归化策略与异化策略来说的，即如果这两种策略不能解决真正的文化问题时，这时译者就可以采用文化调停策略。这一策略可以让译文更具有可读性，而且能够减少归化策略与异化策略中的文化问题。但是其也有一定的局限性，即不能保留文化意象，因此不利于文化交流。例如：

刘备章武三年病死于白帝城永安宫，五月运回成都，八月葬于惠陵。

译文：Liu Bei died of illness in 233 at present-day Fenjie County, Sichuan Province, and was buried in Chengdu in the same year.

上述原文比较短，却有着丰富的内涵和文化因素，其中涉及了很多古代地名、年代等内容。译者对这些地名、年代进行翻译，采用归化策略肯定是不行的，因为在英语中难以找到与之相对的词语。而如果采用异化策略，直接进行拼写或者加注，这样的翻译比较复杂，并且烦琐，很容易让读者产生困惑。因此，在这种情况下，译者应该将这些文化因素省略，以便于读者理解和把握。

当他六岁时，他爹就教他识字。识字课本既不是《五经》《四书》，也不是常识国语，而是天干、地支、五行、八卦、六十四卦名等学起，进一步便学些《百中经》《玉匣记》《增删卜易》《麻衣神相》《奇门遁甲》《阴阳宅》等书。

译文：When he was six，his father started teaching him some characters from books on the art of fortune–telling，rather than the Chinese classics.

分析上述原文，其中包含十几个汉语文化词汇，如《五经》《四书》及天干、地支、五行等，还有之后的《百中经》《玉匣记》……对于这些文化词汇的翻译，如果全部翻译出来非常困难，并且即使翻译出来，译入语读者也很难理解。实际上，对于这些文化词汇，译者全部翻译出来是没有必要的，可以采用文化调停策略进行翻译，将这些不必要的文化内容省去，这样更容易被译入语读者理解。

（五）文化对应策略

所谓文化对应策略，是指采用译入语文化中知名的事件、人物等，对原语文化中的内容进行解析与诠释的一种翻译策略。例如，“梁山伯与祝英台”是中国人广为熟知的，但是在西方人眼中并不知道两人到底是谁，如果将其翻译成“罗密欧与朱丽叶”，那么西方人就知道什么意思了。同样，“济公”与“罗宾汉”的互换也是如此。再如：

济公劫富济贫，深受穷苦人民爱戴。

译文：Ji Gong, Robin Hood in China robbed the rich and helped the poor, so that the majority of poor people loved.

这是浙江兰溪的济公纪念馆中的一句话，译者在对这句话进行翻译时，如果将其翻译成“Ji Gong，Robin Hood in China”就很容易被译入语读者理解，这里采用的是文化对应策略，这样很容易让读者融入原作之中，探寻原作的奥妙。

需要说明的是，在归化、异化、归异互补、文化间性、文化调停、文化对应六种文化翻译策略中，归化策略与异化策略仍旧占据主导地位，二者呈现对立统一的关系。归化策略的运用是译者为了照顾译入语读者，因此在翻译时偏向于译入语读者；而异化策略的运用是译者为了对原语文化读者进行照顾，因此在翻译时倾向于原语文化读者。在具体的翻译实践中，译者需要把握好度，选择合适的翻译策略，否则就会走入极端。当然，如果这两种策略仍然无法解决具体的文化问题，那么译者就应考虑运用其他因素，这样才是真正优秀的译者。

例如，在日常生活中，为了保证良好的交流效果，译者对一些通知、广告、公告、新闻报道等往往会采用归化策略进行翻译，这样易于读者理解。如果不能运用归化策略，译者可以采用文化调停策略，这样可以使译作更为清晰，读者更容易明白，也与译入语读者的阅读习惯相符。对于那些政论、哲学著作、科技文章等，译者往往会采用异化策略，因为这些文章的写作目的在于宣传与弘扬，这样翻译有助于填补译入语读者的知识空缺。也就是说，异化策略的运用有助于弥补译入语读者的空白，使读者更多地了解译入语文化。

参考文献

[1] 周书阅，张丹 . 英语语言文学与文化研究 [M]. 北京：新华出版社，2015.

[2] 王珊，马玉红 . 大学英语教学的跨文化教育及教学模式研究 [M]. 武汉：武汉大学出版社，2018.

[3] 史艳云 . 大学英语中的跨文化交际 [M]. 长春：吉林人民出版社，2020.

[4] 曲琳琳 . 跨文化视野下英语教学研究 [M]. 天津：天津科学技术出版社，2020.

[5] 闫娜 . 跨文化理论阐释及其教学应用研究 [M]. 长春：吉林大学出版社，2019.

[6] 唐旻丽，崔国东，盛园 . 跨文化视角下的英语教学理论与方法探究 [M]. 长春：吉林人民出版社，2021.

[7] 王冬梅 . 大学英语教学的跨文化教育探析 [M]. 长春：吉林科学技术出版社，2019.

[8] 郭晶晶 . 跨文化交际与英语教学的融合研究 [M]. 北京：北京工业大学出版社，2019.

[9] 刘稳亮 . 文化自信视野下英语教学中文化意识培养路径研究 [M]. 北京：中国书籍出版社，2020.

[10] 罗震山 . 跨文化视域下的当代英语教学新探 [M]. 北京：中国书籍出版社，2019.

[11] 刘念 . 跨文化视域下大学英语写作教学策略研究 [J]. 黑龙江教师发展学院学报，2022，41（11）：148–150.

[12] 谢莹莹 . 跨文化交际视域下的高校英语教学机制创新 [J]. 湖北开放职业学院学报，2022，35（20）：16–18.

[13] 赵靓，杨天华 . 用英语讲好中国故事——英语专业学生跨文化能力现状研究 [J]. 文化创新比较研究，2022，6（29）：153–156.

[14] 成亚敏 . 跨文化交际在高校英语教学中的有效渗透 [J]. 湖北开放职业学院学报，2022，35（18）：191–193.

[15] 齐鸣 . 跨文化传播视域下英语新闻翻译探究 [J]. 中国报业，2022（18）：120–121.

[16] 鲁春林 . 高校英语专业学生跨文化交际能力培养策略探究 [J]. 赤峰学院学报（汉文哲学社会科学版），2022，43（9）：98–102.

[17] 宋扬 . 跨文化交际视角下应用型高校英语翻译教学创新策略研究 [J]. 大庆师范学院学报，2022，42（5）：121–128.

[18] 宋晓蕾 . 英语电影的跨文化交际意义探究 [J]. 河南牧业经济学院学报，2022，35（4）：74–77.

[19] 徐雪娇 . 地方院校大学英语教学跨文化交际能力培养 [J]. 安顺学院学报，2022，24（3）：75–79；37.

[20] 赵小妹，陈晓倩 . 中西方文化差异及对大学英语跨文化教学的启示 [J]. 吉林农业科技学院学报，2022，31（3）：115–117.

[21] 张建佳 . 大学英语教学融合性价值取向及其实现研究 [D]. 重庆：西南大学，2018.

[22] 白雪 ."新时代"大学英语课程设置研究 [D]. 上海：上海外国语大学，2020.

[23] 马琴 . 大学英语个性化教学研究 [D]. 重庆：西南大学，2017.

[24] 张培 . 大学英语课堂跨文化交际能力培养的研究 [D]. 上海：东华大学，2014.

[25] 蒋丽玲 . 桂林高校英语教师跨文化交际能力研究 [D]. 桂林：广西师范大学，2013.

[26] 吕炯 . 跨文化传播视角下的大学英语教学模式探析 [D]. 合肥：中国科学技术大学，2013.

[27] 杨洋 . 跨文化交际能力的界定与评价 [D]. 北京：北京语言大学，2009.

[28] 陈明新 . 高校商务英语教学中跨文化交际能力的培养 [D]. 青岛：中国海洋大学，2009.

[29] 赵靖岩 . 高校英语专业文化教学存在的问题与对策研究 [D]. 长春：东北师范大学，2007.

[30] 汪火焰 . 基于跨文化交际的大学英语教学模式研究 [D]. 武汉：华中科技大学，2012.